Wolfgang Engler

Unerhörte Freiheit

Wolfgang Engler

Unerhörte Freiheit

Arbeit und Bildung in Zukunft

Mit besten Wünschen
Oktober 2007

aufbau
AUFBAU VERLAGSGRUPPE

ISBN 978-3-351-02656-1

Aufbau ist eine Marke
der Aufbau Verlagsgruppe GmbH

1. Auflage 2007

Einbandgestaltung gold, Fesel/Dieterich
Druck und Binden GGP Media GmbH, Pößneck
Printed in Germany

www.aufbau-verlag.de

Inhalt

Mich nur zu wiederholen

Mich nur in populärer Form zu wiederholen nicht gewillt, wartete ich doch auf die Gelegenheit, die in »Bürger, ohne Arbeit« entwickelten Gedanken bestimmter auszudrücken.

Menschen ohne feste Stelle im Erwerbssystem ein Leben als Bürger unter Bürgern einzuräumen, frei von beschämender Diskriminierung – diese Vorstellung ist gleichbedeutend mit der Forderung nach einem allgemeinen Recht auf Leben, auf Lebensunterhalt. Das hatten bereits andere gefordert, und so blieb mir in der Hinsicht nur die Aufgabe, diese Utopie allen Beiwerks zu entkleiden, sie rein als solche darzustellen. Dabei stieß ich auf eine Lücke in der Argumentation, die mir, je länger ich darüber nachdachte, nur desto klaffender erschien.

Wäre die Würde von Menschen ohne Arbeit ebenso wiederhergestellt wie ihre gesellschaftliche Verkehrsfähigkeit, läge der schwierigste Teil der Aufgabe – ihr Leben wirklich zu ergreifen –, noch immer vor ihnen. Die einfache Wahrheit, der zufolge Menschen ihr Dasein schon zu führen wüssten, erlöste man sie nur von materiellen Kümmernissen, genügt nicht. Beides, existenzielle Garantien und die beharrliche Sorge um sich, gehört zusammen; die soziale Frage erweitert sich zur kulturellen.

So weit war ich gekommen; was ausstand, war die letzte Konsequenz aus dieser Einsicht. Wenn das Grundeinkommen die Person sozial in Szene setzt, Bildung die Persönlichkeit entfaltet, die Sinne und Vermögen, ohne die es kein erfülltes Leben gibt, warum dann nicht einen Schritt weitergehen und ernsthafte Bildungsbemühungen zur Voraussetzung für das allgemein gewährte Recht auf Lebensunterhalt erklären? – Das Interesse, die gesamte Thematik noch einmal aufzugreifen, war geweckt.

Ob es mir gelungen ist, Bildungsproblematik und Grundeinkommensdebatte schlüssig miteinander zu verknüpfen – ich hoffe es. Ob sich die Befürworter eines bedingungslosen Grundeinkommens zu meiner Überzeugung überreden lassen, wird sich erweisen; da zweifle ich einstweilen.

Bildung als Rechtsgrund, das klingt abgehoben, elitär. Folgt man dieser Spur vorurteilsfrei, behutsam, Schritt für Schritt, führt sie einen zwingend zum Verständnis wahrhaft demokratischer Gepflogenheiten.

Noch ein Wort zur Darstellungsweise. Sie ergab sich aus dem Gedankengang selbst, den ich am ehesten eine »Betrachtung« nennen würde. Gleich dem Besucher einer Gemäldegalerie, der sich in ein Bild vertieft, tritt sie mal näher an ihren Gegenstand heran, um alsbald auf Distanz zu gehen, den Abstand wieder zu verkürzen, einzelne schon aufgefasste Elemente aufs Neue und schärfer zu fixieren.

Mancher Leser wird hier Redundanzen wittern. Ich kann ihm da nicht widersprechen. Die Redundanzen sind gewollt, weil unvermeidlich, sofern es darum ging, möglichst keine Einzelheit zu übersehen, die dem Gesamtbild, das ich zu entwerfen suche, widersprechen könnte.

1.
Was nicht zur Wahl steht

Das Leben in Gesellschaften der uns vertrauten Art vollzieht sich als eine schier endlose Kette von Entscheidungen, von Wahlen, die wir treffen, treffen müssen, und zwar auch dann, wenn wir dabei im Dunkeln tappen, nur ungefähr wissen, warum wir uns so und nicht anders entscheiden und wohin uns das führt. Wir wählen, aus Gewohnheit oder Überzeugung, diese oder jene Partei, oder wir bleiben, ohne der Entscheidung dadurch auszuweichen, der Wahlurne fern – auch die Nichthandlung ist eine Handlung. Wir schließen Versicherungen ab, pflichtgemäß sowie aus freien Stücken, und bewegen uns dabei in der Regel in einem weiten Feld von Angeboten. Wir wählen die Schule, auf die wir unsere Kinder schicken, und wenn sie älter werden, entscheiden sie sich, genügend Ausbildungs- und Studienplätze vorausgesetzt, für gerade diese Lehre oder jenes Studium. Wir wählen unsere Lebenspartner, die wir heiraten oder nicht heiraten, und bestimmen gemeinsam, ob wir Kinder bekommen und, falls ja, wie viele. Oder wir bleiben allein und geben das, jedenfalls nach außen, als unseren Willen kund. Wir konsumieren dieses oder jenes, verreisen hierhin oder dorthin, umgeben uns mit einem größeren oder kleineren

Freundeskreis, entwickeln, mit anderen Worten, einen uns gemäßen Lebensstil – geboren aus abertausenden Entscheidungen, intuitiv gefällten wie bewusst getroffenen.

Bei alldem unterliegen wir zahllosen äußeren Einflüssen, die unseren Handlungsspielraum einengen, sozialen Zwängen, die unsere Entscheidungen oftmals wie Marionetten eines schon geschriebenen Dramas aussehen lassen, folgen wir Vorbildern, deren Prägekraft wir gern herunterspielen. So will es die soziale Konvention, die uns zu den maßgeblichen Autoren unseres Lebenslaufs ernennt, und so wollen wir es. Selbstwertgefühl und soziales Ansehen von Menschen bemessen sich heutzutage nach der Vielfalt und der Anzahl der Angebote, die zu ihrer persönlichen Disposition stehen. Der aus Vielem besonnen Auswählende ist der Prototyp des freien Individuums.

Nur eine Wahl bleibt uns versagt: zu arbeiten oder nicht zu arbeiten; hier zeigt sich die »Multioptionsgesellschaft« ausgesprochen spröde, zugeknöpft. Alle Freiheiten, die sie offeriert, alle Rechte, die sie zu vergeben hat, beruhen, Reiche sowie Menschen mit schwerwiegenden körperlichen oder geistigen Handicaps ausgenommen, auf der faktischen Pflicht zur Arbeit. Ein Recht auf Arbeit gibt es nicht, was wiederum zu denken gibt.

Rechte ohne korrespondierende Pflichten, das passt zu reifen demokratischen Gesellschaften. Verhaltensweisen, die den Bestand des Ganzen nicht tangieren, werden freigegeben, ins Belieben der Einzelnen, ihrer Urteilsfähigkeit, gestellt. So fand, seit jeder und jede Erwachsene eine Ehe schließen, es aber auch bleiben lassen konnte, die Jahrhunderte währende Diskriminierung lediger, obzwar heiratsfähiger Frauen ein von diesen lange herbeigesehntes Ende. Das Recht junger Männer, den Wehrdienst aus Gewissensgründen zu verweigern, gibt ein weiteres Beispiel dieser Entwicklung aus jüngerer Zeit.

Pflichten ohne dazugehörige Rechte verletzen dagegen die demokratischen Sitten, schaffen soziale Verhaltenszwänge ohne persönlichen Ausweg, suspendieren das Urteil der Einzelnen, ihren Willen. Nichts demonstriert die Sittenwidrigkeit des Arbeitszwangs auffälliger als der Umstand seiner offiziellen Leugnung. Verfassungen, Gesetze schweigen sich darüber aus; amtlich davon zu reden wäre peinlich, heikel für einen Repräsentanten des Gemeinwesens mit politischem Taktgefühl.

Diese Heimlichkeiten aufzustöbern ist der erste Zweck der Forderung nach Arbeit als Option, als persönlich (ab)wählbarer Zumutung. Diese Forderung überzeugt zwingend nur im Zusammenhang mit einer zweiten, die das Recht auf Leben, auf Lebensunterhalt auch ohne Arbeit proklamiert. Und umgekehrt: Wer für ein von Arbeit abgelöstes Recht auf Leben streitet, gelangt, sofern er alle Konsequenzen zieht, die darin liegen, zur Ablehnung jeglicher Arbeitspflicht, zu »Arbeit als Option«. Das erst verleiht dem Ansinnen eines bedingungslosen Grundeinkommens seine ganze Schärfe, seinen radikalen Witz: Wer nicht arbeitet, soll trotzdem essen und auch ansonsten leben wie irgendeine(r) aus der Mitte der Gesellschaft: sotzial unangefochten, erhobenen Hauptes.

2.
Einleitende Bestimmungen

»Arbeit« – dieser Ausdruck dient hier und im Folgenden als Kürzel für »Berufsarbeit«, für betriebsmäßig organisierte, mit dem Anspruch auf Entgelt verbundene »Erwerbsarbeit«.

Ob das, was Menschen jenseits der Berufsarbeit für sich sowie mit anderen unternehmen, wiederum als »Arbeit« gelten kann, ist im Rahmen dieser Betrachtungen ohne Belang, eine Sache der persönlichen Auslegung. Wer, von Erwerbsarbeit befreit, seinen Lebensvollzug weiterhin als »Arbeit« deutet, mag daraus dieselbe Genugtuung schöpfen wie jemand, der sich hinfort primär als handelnder, als tätiger Mensch begreift. Jeder sein eigener Epikureer!

Aufgrund ihrer unauflöslichen Zusammengehörigkeit können sich die Ausdrücke »Arbeit als Option« und »(bedingungsloses) Grundeinkommen« wechselseitig vertreten. Je nach dem leitenden Akzent steht mal dieser, mal jener Terminus für das von ihm Mitgemeinte.

Für die öffentliche Wahrnehmung bildete das Thema »Grundeinkommen« das eigentliche Reizthema und übertönte die darin enthaltene Forderung nach (ab)wählbarer Arbeit. Das dürfte der zeitgenössischen

Fixierung auf unmittelbar materielle Fragen zuzuschreiben sein. Kein Umsturz der kulturellen Selbstverständlichkeiten ohne vorherige Konsultation des Kassenwarts: Wer soll das bezahlen?

»Heimat ist, / Wo die Rechungen ankommen«, schreibt Heiner Müller in einem seiner späten Gedichte ...

3.

Grundeinkommen: Stand der Debatte

Noch vor wenigen Jahren stritten nur ein paar Außenseiter für ein Grundeinkommen, sicher und auskömmlich genug, um den Menschen und den Bürger vom Arbeiter zu emanzipieren. In der breiteren Öffentlichkeit fanden sie kaum Gehör. Journalisten, erst recht leitende Redakteure in den Massenmedien weigerten sich zumeist standhaft, die Diskussion zu führen. Hier und da dennoch in Angriff genommene Recherchen scheiterten an der Publikationsschwelle; das Thema war weithin tabu.

Heute wird es allenthalben diskutiert, in den Massenmedien, den Parteien, unter Wissenschaftlern und Publizisten, sogar Ministerpräsidenten und Unternehmer äußern sich zustimmend oder erwecken immerhin den Anschein geistiger Aufgeschlossenheit. Öffentliche Veranstaltungen zu dieser Frage finden regen Zuspruch, und wer bei solchen Gelegenheiten gegen das Grundeinkommen opponiert, gerät schnell ins Abseits. Binnen kurzer Zeit hat sich der Wind gedreht und das Tabu hinweggefegt.

Wie weit die Debatte unterdessen fortgeschritten ist, zeigen die erörterten Probleme. Es geht nicht länger um das Ob, sondern nur mehr um das Wie und Wer.

Wie hoch *muss* das Grundeinkommen ausfallen, um ein menschenwürdiges Leben nach unserem kulturellen Standard zu ermöglichen? Wie großzügig *darf* es, unter Rücksichtnahme auf die ökonomischen Kapazitäten des Gemeinwesens, bemessen sein? Wer gelangt in den Genuss desselben, alle auf einem bestimmten Hoheitsgebiet Lebenden oder nur die mit eingetragener Staatsbürgerschaft? Ab welchem Alter können Menschen frei darüber verfügen? Erst mit vollendeter Volljährigkeit? Wie verhält es sich dann mit dem Rechtsanspruch von Kindern und Jugendlichen? Wie wird das Grundeinkommen finanziert, welche Steuern, direkte wie indirekte, und welche sonstigen Erwerbsarten und -quellen gelangen dabei in welchem Verhältnis zum Einsatz?

Der unvollständige Fragenkatalog beweist: Die öffentliche Meinungsbildung, spät in Gang gekommen, ist in ihre zweite, pragmatische Phase eingetreten, und gemessen an der skizzierten Ausgangslage ist das eine erstaunliche Entwicklung.

Nimmt man an derlei Verhandlungen teil, entsteht leicht der Eindruck, als sei das Grundeinkommen eine bereits beschlossene Sache, als ginge es einzig um Details. Das hieße, bei allem verständlichen Elan, gefährliche Täuschungen zu nähren und die Diskussion zu überstürzen. Beschlossen ist hier gar nichts, abzuwägen und zu bereden noch immer viel. Wer die Grundfragen als im Wesentlichen geklärt ansieht und nun Gesetze schreiben möchte, irrt nicht nur faktisch – die Gegner werden sich erneut zu fassen und zu wehren wissen –: Er erstickt die Fanfare einer kühnen sozialen Utopie im Handgemenge ihrer voreiligen Verwirklichung.

4.
Eine unerhörte Freiheit

Arbeiten oder nicht arbeiten – diese Alternative existierte niemals in der bisherigen Menschheitsgeschichte. Zwar: die einen arbeiteten und die anderen nicht, doch weder für diese noch für jene verband sich damit eine Wahl. Wer arbeitete, war dazu bestimmt, verurteilt durch soziales Schicksal, durch das Hineingeborensein in den beklagenswerten Stand der Arbeitsleute. Wer die Früchte der Arbeit nur genoss, ohne selbst zu säen und zu ernten, lebte aus demselben Grund im Stand der Muße.

Das einzige Problem, das er (oder, sofern zur »guten« Gesellschaft zugelassen, sie) zu lösen hatte, bestand darin, der Freiheit Form zu geben, die Zeit zu binden und zu füllen, die unweigerlich verstrich. Leben aus innerem Antrieb oder im Laufrad nichtiger Vergnügungen, tätige Muße oder Müßiggang, dem Gespenst der Freiheit – der Langeweile – untertan, so lautete die Schicksalsfrage privilegierten Daseins.

Wird Arbeit zur Option, verblassen diese Kontraste – im Prinzip.

Die Arbeit verliert ihr Stigma, ihren Zwangscharakter, der ihr selbst dann anhaftet, wenn sie sachlich anspruchsvoll, subjektiv befriedigend vonstattengeht. Die Muße löst sich vom sozialen Vorrecht, steht jeder und jedem zu Gebote, die sich ihr gewachsen fühlen. Verbindliche, gar einklagbare Glücksversprechen gehen damit nicht einher. Niemand ist davor gefeit, bei dem Versuch, die Freiheit zu ergreifen, sie tätig anzueignen, Schiffbruch zu erleiden, dem eigenen Versagen ausgeliefert.

Um zu verhindern, dass sich die neue Freiheit, ehe ihre Zeit gekommen ist, blamiert, ist eines unbedingt vonnöten: praktische Ermutigung zur Freiheit, Schulung, Förderung von Freiheitsfähigkeit. Ein Gemeinwesen, das mehr Freiheit für alle wagen will, es aber gleichzeitig versäumt, die Leidenschaften und Motivationen zu wecken, die das Wagnis kalkulierbar halten, erwiese der guten Sache einen schlechten Dienst und verdiente Spott und Häme.

Die inneren Freiheitsschranken fallen nicht von einem Tag zum anderen, und daher ist für eine hoffentlich nicht allzu lange Zeit des Übergangs von dem ausgeprägten Unbehagen zumindest eines Teils derer, die Arbeit leisten, auszugehen. Solange sie auf dem Gegenpol, dem der freiwilligen Nichtarbeit, Menschen vorfinden, die sich in ihrer Freiheit nicht zu raten wissen, die das kostbare Geschenk, frei verfügbare Zeit, wie Tand verschleudern, ist das nur zu verständlich. Wozu materielle Opfer leisten, auf Dauer, ein ganzes Arbeitsleben lang, wenn sie bei denen, die sie empfangen, so wenig fruchten?

Um das unerhörte Freiheitsversprechen, das (ab)-wählbarer Arbeit innewohnt, hören zu können, gelassen, ohne Vorurteile und Affekte, bedarf es sozial entspannter, gelassener Menschen – auf beiden Seiten des Arbeitsgeschehens.

5.

Eine »heillose« Freiheit

Wer sich, auf eine Grundsicherung gestützt, aus der Arbeitswelt zurückzieht oder von vornherein für ein Leben ohne Arbeit ausspricht, verändert unbesehen und ungewollt auch die Maßstäbe jener, die ihre Existenz weiterhin an Arbeit binden. Das Recht auszusteigen »gehört« den nun nicht mehr Arbeitenden ebenso wie den unbeirrt Arbeit Leistenden, was diese aber insofern doch beirren dürfte, als sie das, was sie tun, nun nicht mehr tun müssten. Selbst wenn sie nie daran dachten, ihre Arbeit aufzugeben, arbeiten sie unter den gewandelten Verhältnissen objektiv als sozial »Freischaffende«. Ihre Arbeit verliert ihren fraglosen Charakter, ihren Notwendigkeitsbezug, wird, um es ungeschminkt zu sagen, zur fakultativen Veranstaltung – eine herbe Zumutung für alle, die sich in einer langen Generationsfolge daran gewöhnten, Arbeit aufgrund ihrer Himmelfahrt zum Kosmos der ewigen Werte hoch zu schätzen. Die (Ab-)Wählbarkeit von Arbeit zersetzt diesen semi-religiösen Anstrich des Erwerbs, die Ineinssetzung von Menschsein und Stelle, von Bürgerrolle und Beruf, und bürdet dem Arbeitsgläubigen die ganze Begründungslast für sein Verbleiben im Erwerbsgeschehen auf. Selbst wenn er oder sie gute

Gründe dafür finden – ordentlichen Lohn, verträgliche Kollegen, verständnisvolle Vorgesetze –, ihr Groll auf die »Aussteiger«, auf die »Deserteure«, die sie ungefragt in die Freiheit vertrieben, dürfte nicht sogleich verfliegen.

Wähler wider Willen und ohne je gewählt zu haben, werden sie nicht umständlich nach Argumenten gegen die Entweihung ihrer Lebensweise suchen müssen.

Mag der Entschluss, die Arbeit abzuwählen, auch legal sein, so ist er deshalb längst nicht legitim. Entschieden sich alle für den Arbeitsverzicht, gäbe es bald niemanden mehr, der sich um das materielle Fundament der Freiheit mühte. Eine Freiheit, die sich im selben Zuge auflöst, in dem sie sich verallgemeinert, ist ein Widerspruch in sich.

Solange dieser Einwand nicht auf derselben prinzipiellen Ebene, auf der er sich bemerkbar macht, entkräftet wird, ist das »Recht auf Leben ohne Arbeit« nur eine kecke Redensart.

6.
Eine schwierige Freiheit

Arbeiten oder nicht arbeiten – auch wer leidenschaftlich für diese Alternative streitet, wird bei ruhiger Überlegung sehen, dass sie tiefer und folgenreicher in das Gesellschaftsgefüge eingreift als sämtliche ihr vorausgegangenen Wahlfreiheiten.

Kleiderordnungen, Heiratszwänge, Bildungsprivilegien, an Herkunft, Hautfarbe oder Geschlecht gebundene Wahlrechte aktiver wie passiver Art: derartige Verhaltensvorschriften aufzuheben, bedurfte es langer, oft genug erbittert geführter Auseinandersetzungen zwischen bevorrechteten und benachteiligten gesellschaftlichen Gruppen. Meist fielen die Schranken erst im Gefolge revolutionärer gesellschaftlicher Umbrüche. Die faktische Pflicht zur Arbeit, der insbesondere die zum »Volk« zählenden Klassen unterlagen, blieb davon unberührt. Die am weitesten gehenden Forderungen auf diesem Gebiet zielten auf die konstitutionelle Verankerung eines Rechts auf Arbeit. Außer in den kommunistischen Staaten kam es nirgendwo zum Zuge und dort auf eine rüde Weise. Das Recht zu arbeiten stand im Schatten eiserner Arbeitspflicht; wer der nicht genügte, galt als asozial – ein potenzieller Fall für die Gerichte.

Dass es vielen Menschen trotz jahrzehntelanger Erfahrungen mit Massen- und Dauerarbeitslosigkeit schwerfällt, Arbeit unter dem Gesichtspunkt ihrer Freiwilligkeit zu würdigen, verwundert wenig. Scheint diese Freiheit doch nur um den Preis realisierbar, dass den einen einseitig etwas weggenommen wird (ein Teil ihrer in Geld ausgedrückten Arbeitsleistung), um es anderen ebenso einseitig, ohne jede Gegenleistung, zuzuweisen.

Frühere Freiheitskampagnen hatten es da leichter. Das Recht aller, sich nach eigenem Geschmack zu kleiden und seine Talente auszubilden, hob Standesprivilegien auf, räumt jenen, die sie verloren, jedoch fürderhin dieselben Chancen ein. Die Abschaffung des Zwangs, nur innerhalb der eigenen sozialen Gruppe heiraten zu dürfen, dort aber, um der »Ehrbarkeit« willen, auch heiraten zu müssen, folgte der nämlichen Idee, mit dem Unterschied, dass diesmal keine Schranken ausgeweitet wurden, sondern alle Schranken fielen, jedenfalls formell. Das allgemeine, gleiche und geheime Wahlrecht schmerzte die alteingesessenen Vollbürger insofern, als es das relative Gewicht ihrer Stimmen minderte, rüttelte aber nicht an ihrem Status als Wahlbürger. Dies eben, Statusangleichung, war der gemeinsame Nenner dieser emanzipatorischen Bestrebungen.

Mischt sich Arbeit unter die Wahlfreiheiten, wird die Sache heikler. *Ich* kann jetzt arbeiten, muss es aber nicht länger und ziehe mich, im Namen dieser Freiheit, von meiner Arbeit zurück. Das vermag ich jedoch nur, wenn *andere* an ihrer Arbeit festhalten und für mein materielles Wohlergehen sorgen. Meine Freiheit beruht auf der Erwartung, dass andere in ausreichend großer Zahl dieselbe Freiheit *nicht* in Anspruch nehmen, aus welchen Gründen auch immer; Statusdifferenz statt Statusgleichheit.

Was berechtigt mich, Bürger unter Bürgern, zu einer solchen Wahl? Wie sollte ein Gesellschaftsvertrag, dessen erstes Grundrecht zu keinem Zeitpunkt Allgemeingut werden kann, je eine Mehrheit finden, die ihn billigt?

7.
Eine anstrengende Freiheit

Es verlangt schon eine ziemliche Portion Abgebrühtheit, all jenen Stimmen zu widerstehen, die das Leben ohne Arbeit in die Ecke stellen. »Vorfahrt für Arbeit!«, »Sozial ist, was Arbeit schafft!«, »Arbeit soll das Land regieren!« Diese Weihe- und Beschwörungsformeln, die jede weitere Frage unterbinden, zirkulieren in allen politisch relevanten Lagern und stilisieren den Erwerb zum schlechthin Wünschenswerten, zum an sich Guten; wer daran Zweifel äußert, wird vom Einheitsdenken ausgegrenzt.

Über Tagespolitik erhaben, mit dem Thema essenziell verbunden, stützt die christliche Soziallehre, katholischer wie protestantischer Ausgestaltung, den zeitgenössischen Arbeitsglauben. In einer Art negativer Anthropologie verknüpft sie die Paradiesuntauglichkeit des Menschen mit seiner Bestimmung zur Arbeit. Ausweis der Gebrechlichkeit menschlichen Daseins, der *humana conditio*, beugt Arbeit im Schweiß des eigenen Angesichts zudem dem Hang zur Sünde vor.

Im September 1981 veröffentlichte Papst Johannes Paul II. seine Enzyklika »Über die menschliche Arbeit«. Zu dieser Zeit befand sich die Lohnarbeitsgesellschaft seit etwa einem Jahrzehnt in einem kritischen Zustand;

das war dem Pontifex so wenig entgangen wie seinen Beratern, und so griff er zu dramatischen Worten:

»Wenn wir auf die gesamte Menschheitsfamilie rund um die Erde schauen, werden wir unvermeidlich von einer *erschütternden Tatsache* ungeheuren Ausmaßes schmerzlich berührt: Während einerseits beträchtliche Naturschätze ungenützt bleiben, gibt es andererseits Scharen von Arbeitslosen und Unterbeschäftigten und ungezählte Massen von Hungernden, eine Tatsache, die zweifelsfrei bezeugt, daß im Inneren der einzelnen politischen Gemeinschaften wie auch in den Beziehungen zwischen ihnen auf kontinentaler und globaler Ebene hinsichtlich der Organisation der Arbeit und der Beschäftigung irgend etwas nicht funktioniert, und zwar gerade in den entscheidenden und sozial wichtigsten Punkten.«

»Irgend etwas« stimmte nicht, nicht mehr – das war eine zugleich vage und treffende Formulierung.

Ihrer ungeachtet, bestand Johannes Paul gleich in der Präambel energisch auf der singulären Bedeutung der Arbeit für das irdische Los des Menschen: »… nur der Mensch ist zur Arbeit befähigt, nur er verrichtet sie, wobei er gleichzeitig seine irdisch Existenz mit ihr ausfüllt. Die Arbeit trägt somit ein besonderes Merkmal des Menschen und der Menschheit, das Merkmal der Person, die in einer Gemeinschaft von Personen wirkt; dieses Merkmal bestimmt ihre innere Qualität und macht in gewisser Hinsicht ihr Wesen aus.«

Der Mensch, um Arbeit verlegen – ein wesenloses Wesen?

Tilgten die Künstler diesen Makel? Nur ausnahmsweise. Stets im Verdacht, dem »Lotterleben« der Salons näherzustehen als der Werkbank, schufen sie zahllose Werke und Figuren, die die Arbeit hemmungslos verherrlichten.

Im Januar 1901 erlebte Anton Tschechows Drama »Drei Schwestern« in Moskau seine Uraufführung. Gleich in der ersten Szene des ersten Aktes greift Irina, eine der drei unglücklichen Schwestern, die in der russischen Provinz verdorren und sich nach Moskau sehnen, mit folgendem Text in das Geschehen ein:

»Als ich heute erwachte, aufstand und mich wusch, schien es mir plötzlich, als sei mir alles klar auf dieser Welt, und ich wußte, wie man zu leben hat ... Der Mensch soll arbeiten, sich abmühen im Schweiße seines Angesichts, wer er auch sei, und darin allein besteht Sinn und Ziel seines Lebens, sein Glück, seine Wonne. Wie gut ist es, ein Arbeiter zu sein, der schon bei Tagesgrauen aufsteht und auf der Straße Steine klopft, oder ein Hirte oder ein Lehrer, der die Kinder lehrt, oder ein Maschinist auf der Eisenbahn ... Mein Gott, nicht nur ein Mensch, nein, besser ist es, ein Büffel zu sein, besser ein einfaches Pferd, bloß um zu arbeiten, als so eine junge Dame, die um zwölf Uhr mittags aufsteht, dann im Bett Kaffee trinkt, dann sich zwei Stunden anzieht, oh, wie das entsetzlich ist! Bei heißem Wetter möchte man manchmal so trinken, wie ich jetzt arbeiten möchte.«

Der bei Irinas verbaler Arbeitsekstase anwesende

Baron Tusenbach wähnt sich einer Offenbarung teilhaftig geworden und verdammt sein ganzes bisheriges Leben:

»Sehnsucht nach Arbeit, o mein Gott, wie gut ich das verstehe! Ich hab in meinem Leben nicht *ein* Mal gearbeitet ... Mich hat man vor der Arbeit sorglich bewahrt. Doch das wird wohl kaum auf die Dauer gelingen, kaum! Die Zeit kommt, da drängt sich auf uns alle eine Gewitterwand zu, es braut sich ein gesunder, starker Sturm zusammen, der auf uns zukommt, der schon nah ist und von unserer Gesellschaft wegbläst alle Faulheit, Gleichgültigkeit, alle Vorurteile gegen die Arbeit, alle träge Langeweile. Ich werde arbeiten, aber in fünfundzwanzig, dreißig Jahren wird bereits jeder Mensch arbeiten. Jeder!«

Arbeit als stahlhartes Gehäuse sozialer (Zuge-)Hörigkeit, aus dem es ein Entrinnen weder gibt noch geben soll, damit ist es seit geraumer Zeit vorbei.

In seinem Theaterstück »Mercedes« studierte Thomas Brasch in den 1980er-Jahren die neue, nicht minder bittere Wahrheit ein.

Ist Zeit Ist freie Zeit In allen Lüften summt es
den Vers auf freie Zeit Arbeit und Arbeitslosigkeit
Wo soll das hin am Ende des Jahrtausends summt es
am Ende des Jahrhunderts das begonnen hat mit
  Industrie
[...]
mit Automaten die schaffen Zeit und Losigkeit

und Wissenschaft Die geht in kein Bewußtsein und
paßt nicht ins Spiel
Ist aber da wie Furcht vor zukünftiger Zeit die
totschlägt alles
was noch heute totschlägt Zeit Wo Automaten
von Menschen angestellt des Menschen Arbeit tun
und summen ZEIT JETZT HAST DU SIE MEHR ALS
DU DAVON BRAUCHEN KANNST
Jetzt geh an jeden Ort den du erreichst und findest
keinen
Denn Jeder ist auch keiner [...]
[...]
Erst wenn die Arbeit aufhört und der Arbeiter
beginnt der Mensch und ist am Ende schon
Vergißt sich selbst und schält sich als die Zwiebel

Das arbeitsfreie Menschenleben, als Schälvorgang, der es in Nichts auflöst, ins Bild gesetzt, was mutete verhängnisvoller an? Was, andererseits, verführerischer, als vom Glück, mit Zeit im Übermaß beschenkt zu sein, zu kosten. Daran Geschmack zu finden will gelernt sein.

8.

Grundsatz eines Gesellschaftsvertrags

Arbeit als Option, diese unerhörte, »heillose«, schwierige, anstrengende Freiheit setzt, um überhaupt gedacht werden zu können, ganz besondere, menschheitsgeschichtlich gesehen überaus glückliche Umstände voraus. In Zeiten der Not, wo es gilt, mit den Verwüstungen von Kriegen oder Naturkatastrophen aufzuräumen, den Hunger oder Seuchen einzudämmen, wo jede Hand gefordert ist, käme niemand auf die Idee eines Grundeinkommens mit eingebauter Arbeitsskepsis. In solchen Konstellationen ist der Lebensunterhalt so fraglich wie das nackte Leben selbst, und die Menschen arbeiten sich buchstäblich aus dem Elend heraus.

Daraus folgt: Erst wenn das Leben aller außer Frage steht, die Springquellen des gesellschaftlichen Reichtums kräftig sprudeln, wenn Hand und Kopf durch Technik und Technologie zunächst ergänzt, dann mehr und mehr ersetzt werden, sodass der umgekehrte Fall eintritt – Mangel an hinreichender Arbeitsgelegenheit für alle –, gewinnt die Losung »Arbeit als Option« an Plausibilität. Sie entfaltet ihre Überzeugungskraft einzig vor dem Hintergrund außergewöhnlicher wirtschaftlicher Effizienz und Leistungsfähigkeit.

Mit nochmals anderen Worten und als GRUNDSATZ eines zu schließenden Gesellschaftsvertrags formuliert:

Wenn sich eine ökonomisch hoch effiziente Gesellschaft außerstande zeigt, jeder und jedem, die ihr Leben durch Arbeit begründen müssen, dazu Gelegenheit zu geben, dann erwächst dem Gemeinwesen aus diesem »Versagen« die Verpflichtung zum Unterhalt seiner nicht arbeitenden Mitglieder und diesen selbst ein Recht auf Leben, auf Lebensunterhalt.

Das Wort »Versagen« ist mit Anführungszeichen versehen, weil es in der Formulierung teils im wörtlichen, teils im übertragenen Sinn gebraucht wird. Wörtlich, sofern massenhafte Arbeitslosigkeit, denn darum geht es hier, kein Naturereignis darstellt, keine unvermeidliche Folge technisch-technologischen Fortschritts. Der Mangel an Arbeitsgelegenheit könnte durch eine Politik der Umverteilung des gesellschaftlich notwendigen Arbeitsaufwands, flankiert von einer Verkürzung des gesetzlich normierten Arbeitstages, um einiges gemildert werden. Staaten, die überzeugende Anstrengungen in dieser Richtung vermissen lassen, ist rechtens Versagen zu attestieren.

Falsch wäre es hingegen, der Politik oder irgendeiner sonstigen Instanz einen Vorwurf aus dem Umstand zu konstruieren, dass überhaupt weniger Mühe auf die Produktion von Waren und Dienstleistungen verwandt wird. Das auf Produktivitätsfortschritte rückführbare

Manko an Arbeitsgelegenheit ist objektiv gesehen kein »Versagen«, sondern Sinn und Zweck der ganzen Übung: Einsparung von Zeit und Aufwand, Freisetzen der Menschen für andere als nur Arbeitsbelange. In den Augen derer, die aus dem Erwerbssystem herausfallen, zeitweise oder dauerhaft, und dann um ihre gesellschaftliche Stellung buhlen müssen, ist »Versagen« eine wiederum ganz angemessene Wahrnehmung.

Die Frage, ob das gesamtwirtschaftliche Arbeitsvolumen auf lange Sicht tatsächlich schrumpft, ob Wachstumsgewinne mit dem Produktivitätsgewinn künftig wieder Schritt halten, ihn sogar, den Stellenvorrat ausweitend, übertreffen, ist empirischer Natur. Weder kann sie in diesem Rahmen seriös beantwortet werden, noch muss sie es. Die Zukunft wird zeigen, ob die Verteidiger oder die Kritiker der Lohnarbeitsgesellschaft recht behalten. Ganz unabhängig von dieser Kontroverse bleibt »Arbeit als Option« selbst dann eine sinnvolle Forderung, wenn das ökonomisch Unwahrscheinliche, die Rückkehr zu annähernder Vollbeschäftigung, geschieht.

Wie bitte?

9.
Eine(r) genügt

Arbeit als Option, das bedeutet weitreichende ökonomische Wahlfreiheit für alle Bürger. Geschichtlich gesehen krönt und vollendet diese Wahlbefugnis die Autonomiebestrebungen des bürgerlichen Subjekts. Nach der Meinungsfreiheit und der Gleichheit vor dem Gesetz, diesen im engeren Sinne juristischen Rechten, eroberte es politische, insbesondere das Recht, sich zusammenzuschließen, sowie das allgemeine Wahlrecht, um sich endlich auch ökonomische Wohlfahrt und soziale Sicherheit, sozialökonomische Rechte also, zu erstreiten. Das Recht auf Lebensunterhalt auch ohne Arbeitsnachweis setzt den vorläufigen Schlussstein in dieser dritten Gruppe, und wie alle Rechte seit dem Eintritt in die Moderne gilt es dem Menschen als solchem, unabhängig von Geschlecht, Herkunft, Staatszugehörigkeit. Menschenrechte gehorchen der Formel: alle und jede(r) Einzelne für sich.

Einen Einzelnen um seine Rechte zu betrügen heißt, alle zu betrügen, denn was zugleich mit ihm, mit ihr gekränkt, verletzt wird, ist die Menschheit selbst. Hier gibt es kein Gesetz der großen Zahl. Viele sind nötig, das Recht zu erkämpfen, Einer, dem es vorenthalten wird, genügt, es in seinem Wesen zu erschüttern. Die

Menschenwürde ist geschändet, wenn auch nur Eine(r) der Folter unterliegt, sie ist beleidigt, herabgewürdigt, wenn wiederum nur Eine(r) ohne Arbeit inmitten überbordenden Wohlstands um soziale Anerkennung bettelt. Abgesehen davon dürfte der Kampf für eine Grundsicherung bei hoher Beschäftigungsrate sogar leichter zu führen und zu gewinnen sein, weil die wirtschaftliche Last, die auf den Schultern des arbeitenden Teils der Bevölkerung liegt, dann fühlbar abnähme und die Fonds, die das Leben ohne Arbeit finanzieren, entbehrungsfreier zu speisen wären.

Der GRUNDSATZ modifiziert sich, auf seinen Wesenskern, das Recht des Individuums, zurückgeführt, wie folgt:

Wenn sich eine ökonomisch hocheffiziente Gesellschaft außerstande zeigt, *auch nur einem Gesellschaftsmitglied*, das sein Leben durch Arbeit begründen muss, dazu Gelegenheit zu geben, dann erwächst dem Gemeinwesen aus diesem »Versagen« die Verpflichtung zum Unterhalt *dieses nicht arbeitenden Mitglieds* und diesem selbst ein Recht auf Leben, auf Lebensunterhalt.

Treibt man die Argumentation zugunsten eines Rechts auf Leben ohne Arbeit auf die unvermeidliche Spitze, auf die des Menschenrechts, dann verlieren einige der gebräuchlichsten Für- und Widerreden umgehend an Geltungskraft. Sowenig das Grundeinkommen, prinzipiell genommen, auf Massenarbeitslosigkeit beruht, so wenig stört es sich an Vollbeschäftigung. Die üble Laune, die manch Linke(n) angesichts sinkender Arbeitslosenziffern überfällt, ist gänzlich deplatziert.

In pragmatischer Absicht wird man vom Grundeinkommen, von Arbeit als Option als von (noch zu erkämpfenden) *Bürger*rechten sprechen müssen, da sich dieselben zunächst nur innerhalb bestimmter, politisch begrenzter Gemeinwesen durchsetzen lassen. Ihre Geltung bleibt, im ersten Schritt, auf Staatsangehörige, auf Staatsbürger, allenfalls noch auf Personen mit unbegrenztem Gast- und Bleiberecht beschränkt.

Das ist an sich nichts Missliches: Bislang hat noch jede Ausweitung von Menschenrechten mit der Deklaration von Bürgerrechten angefangen. Gemeint ist aber mehr, sind alle, sämtliche Erdenbürger. Darin liegt der utopische Überschuss der Forderungen, die an sich schon, im Rahmen kleinerer politischer Einheiten, utopisch genug klingen.

Vertrackte Dialektik: Der »Mensch« umfasst den »Bürger«: Auch Unfreie und Sklaven sind Menschen und sollten, ist diese Gleichheit einmal anerkannt, vollwertige Bürger sein.

Der »Bürger«, mit dem Recht versehen, Rechte zu besitzen, umfasst den »Menschen«, für den das bloß der Möglichkeit nach gilt.

Das Grundeinkommen gebührt, gehört an sich dem Menschen – in seiner Eigenschaft als Bürger, als freiem, gleichem Rechtssubjekt.

10.
»Gute« Arbeit

Der Wahlspruch der Arbeitsherren, ihrer geistigen Wortführer, lautet: Jede Arbeit ist besser als keine Arbeit, sie anzunehmen schlichte Bürgerpflicht, oder es drohen Sanktionen. Das Arbeitsvolk denkt diesbezüglich anspruchsvoller, verlangt nach »guter« Arbeit, nach Arbeit, die ein je eigenes Leben ökonomisch trägt. »Gute« Arbeit ist materiell mehr als nur auskömmlich und sozial geachtet, wo immer herstellbar auch interessant, in sich der Mühe wert. Sie ermöglicht das Leben, ohne es aufzusaugen, und verhilft jeder und jedem Arbeit Leistenden zu einer fraglosen Stellung im Gesellschaftsganzen. Nur Arbeit mit diesem Gütesiegel verträgt sich mit der neuen Wahlfreiheit. Keine Freiheit *von* der Arbeit ohne ihr Gegenstück, die Freiheit *zur* Arbeit, ohne die Chance, Arbeit zu finden, die Würde und Selbstbestimmung garantiert. Arbeitsverschnitt, wie er heute vielfach angeboten wird, beraubt die Menschen dieser Möglichkeit, motiviert sie einseitig dazu, die Arbeit aufzugeben. Mit derselben Entschiedenheit, mit der »Arbeit als Option« die Freiheit auszusteigen propagiert, spannt sie sich in den Dienst »humaner Arbeit«.

Beides gehört untrennbar zusammen, logisch und faktisch. Nur das Recht, die Arbeit abzusetzen, zwingt die Arbeitsherren zur Bereitstellung attraktiver Beschäftigungsverhältnisse, schützt die Arbeitswilligen vor den Zumutungen einer Arbeit ohne Güte. Die Auskunft »Für alle reicht die ›gute‹ Arbeit nicht, bückt euch gefälligst nach dem Abfall!« würde in einer freien Gesellschaft als das genommen, was sie jetzt schon ist, als Anmaßung, und entsprechend kühl zurückgewiesen.

Diesen Feststellungen gemäß gewinnt der GRUNDSATZ folgende Gestalt:

Wenn sich eine ökonomisch hoch effiziente Gesellschaft außerstande zeigt, auch nur einem Gesellschaftsmitglied, das sein Leben durch *»gute«* Arbeit begründen *möchte*, dazu Gelegenheit zu geben, dann erwächst dem Gemeinwesen aus diesem »Versagen« die Verpflichtung zum Unterhalt dieses nicht arbeitenden Mitglieds und diesem selbst ein Recht auf Leben, auf Lebensunterhalt.

P. S.
»Gute« Arbeit wirft, ihrem Wesen entsprechend, ein »mehr als nur auskömmliches« Einkommen ab, weil das »bloße Auskommen« Definitionsmerkmal des »Lebens ohne Arbeit« ist. Wer deshalb meint, zum »bloßen Auskommen« genüge es, die Blöße zu bedecken, unterschätzt, wie sich noch zeigen wird, den Güterumfang des Wörtchens »bloß«.

11.
Das Gespenst der Faulheit

Mit der Ratifizierung eines Rechts auf menschenwürdige Existenzführung mit und ohne Stelle im Erwerbssystem würde Lohnarbeit umgehend bezweifelbar – das ist das Schreckgespenst schlechthin der Arbeitsgläubigen. Es zu bannen, setzen sie ein zweites in die Welt, das als Faulpelz umgeht, als Parasit im Gesellschaftskörper nistet, sanft gebettet auf den Daunen des Grundeinkommens. Von den Herren der Arbeit geschaffen, jagt es auch vielen Arbeit Leistenden einen gehörigen Schrecken ein.

Der Schrecken mausert sich alsbald zum schon bekannten, bislang jedoch nicht schlüssig abgewiesenen Vorwurf an die Kostgänger des neuen Rechts: Die einen arbeiten, die anderen nehmen Ferien, ein Leben lang, wenn sie es wünschen; die einen zahlen die Zeche, die anderen sitzen an den Freiplätzen des großen Tisches; was ist das anderes als ein Akt der Usurpation? Die beständige Aneignung eines von fremder Hand geschaffenen Reichtums durch einen Teil der potenziellen Arbeitsbevölkerung nagt an den Wurzeln des gesellschaftlichen Zusammenlebens, höhlt den Gemeinsinn aus und lähmt, als sei das nicht genug, Leistungswillen und Gewerbefleiß der noch Aktiven. Entschließen sich auch diese, mehr und mehr entmutigt und enttäuscht, zur Annahme des Angebots, nimmt es mit dem Wirtschaften, dem Hervorbringen von Waren und Dienstleistungen, ein schnelles Ende. Ein Recht, dessen Verallgemeinerung die Fonds leert, die es unterhalten sollen, hat weder Grund noch Zukunft.

Was ist, nochmals zur Rede gestellt, nun darauf zu entgegnen?

Stellen wir uns vor, das deutsche oder europäische Parlament hätte soeben ein Grundeinkommen verfügt – stünden dann binnen Kurzem alle Räder still? Verabschiedete sich, wer seine Stelle mit innerer Zufriedenheit ausfüllt, seinen Beruf als Berufung auffasst, leichten Herzens aus der Arbeitswelt? Verließe seine Position, wer sie äußerlich, beim Blick auf den Lohn- oder Gehaltszettel, zu schätzen weiß? Entfalten des Weiteren kollegiale Beziehungen, Aufstiegschancen, Bildungsmöglichkeiten keinerlei Anziehungskräfte, stark genug, um am Erwerbsleben festzuhalten?

Die Fragen so zu stellen heißt, sie zu beantworten.

Das Problem konzentriert sich, wie zu erwarten war, auf diejenigen Arbeiten, bei denen sich die Negativbefunde stapeln: auf die sachlich weitgehend anspruchslosen, finanziell schlecht abgefundenen, perspektivlosen, nervtötenden, die Körperkräfte verschleißenden Verrichtungen. Auf diesem Feld unerfreulicher, unattraktiver Beschäftigungen ist mit Abgängen zu rechnen – immer unterstellt, das Grundeinkommen rechtfertigt seinen Namen und gründet ein Leben ohne Arbeit.

Die Flucht einzudämmen hilft nur eines: die entsprechenden Arbeiten anziehender zu gestalten; wir wissen es schon. Gehört es zu meinem sozialen Wesen, Arbeit zu verneinen, dann müssen die Arbeitsherren um gerade meine Arbeitskraft wetteifern, mir ein Angebot unterbreiten, das mich zum Mittun überredet. Das mit weitgehenden ökonomischen Grundrechten ausgestattete Individuum lässt sich weder vor vollendete Tatsachen stellen (Diese Arbeit oder keine Arbeit, und dann Bürger zweiter Klasse!), noch duldet es, dass über seinen Kopf, seine Bedürfnisse hinweg verhandelt wird.

Eine schlechte Nachricht auch für Gewerkschaftsfunktionäre, für die aus der Arbeiterschaft hervorgegangenen Sprecher und Vermittler; auch deren Macht verfällt. Weil sie das ahnen, bekämpfen sie die ökonomische Freiheit wie eine Seuche. Arbeit als Option, das ist nicht nur ein radikal utopisches, sondern auch ein konsequent liberales Projekt, der Freiheit des je Einzelnen verpflichtet, misstrauisch gegen jede Vormundschaft.

Im selben Moment, in dem es sich zum Regulativ des Arbeitsmarktes aufschwingt und die Respektierung der Menschenwürde erzwingt, hört dieser auf, als Markt im herkömmlichen Sinn zu funktionieren. Menschen, die Arbeit ablehnen können, offerieren dem Unternehmer nicht länger ihr Arbeitsvermögen, sondern ihr Interesse an einer sie in irgendeinem Sinne befriedigenden Aufgabe. Steht die nicht zur Verfügung, muss der Lohn die Tränen trochnen. Der Arbeitsvertrag der Zukunft wird, so wie so, auf der Basis »guter« Arbeit abgeschlossen, oder er kommt nicht zustande.

Statt aufgeweicht zu werden, festigt sich das persönliche Verhältnis zur Arbeit unter der Voraussetzung ökonomischer Willensfreiheit – eine weitere, unerwartete Pointe des neuen Rechts. Mit derselben Überzeugung, mit der die einen der Arbeit Adieu sagen, verrichten sie die anderen. Das uralte Ideal, dem eigenen Leben einen persönlichen Stempel aufzudrücken, gewinnt nun erstmals allgemeine Geltung, auf dem Arbeitspol ebenso wie auf dem ihm gegenüberliegenden. Die Solidarität der Arbeitenden mit den Nichtarbeitenden scheint grundsätzlich gesichert.

Auch faktisch?

Nichts ist dem Gemeinsinn förderlicher als die Erschütterung von Arbeitssicherheit und Arbeitskomfort bis weit hinein in die Mitte der Gesellschaft. Kaum eine Position im ökonomischen Getriebe, die allzeit unentbehrlich, kaum ein Positionsinhaber, der nicht ersetzbar wäre. Die Arbeitenden von heute begreifen sich je und je als Arbeitslose auf Urlaub, und niemand weiß mit Bestimmtheit, wie lange der währt. Gelegentliche Platzwechsel mit den Zwangsreservisten der Arbeitswelt gehören unterdessen zu geläufigen Erfahrungen selbst in den Reihen der Arbeiterelite, Erfahrungen, die die Ächtung arbeitslosen Lebens endgültig aus der sozialen Welt verbannen *sollte*.

Sollte, denn unter den derzeit obwaltenden Verhältnissen geschieht alles, um die Solidarität der Arbeitenden mit den nicht Arbeitenden zu schwächen. Die systematische Belagerung und Beschämung der Arbeitslosen schürt massenhaft die Angst vor dieser erniedrigenden Existenzweise und verklärt die Arbeit, vielleicht zum letzten Mal in der Geschichte, zum Wunschobjekt schlechthin.

12.
Ausgrenzung in anderer Gestalt?

Wären Menschen in der Lage, ihren Platz in der Gesellschaft willkürlich wählen und bei Bedarf jederzeit in jede Richtung wechseln zu können, verfügten sie über absolute Freiheit. Dazu verhilft ihnen eine auskömmliche Grundsicherung nicht; das einzuräumen gebietet die intellektuelle Redlichkeit. Aus der Arbeitswelt auszusteigen bereitet kein Problem, jedenfalls kein rechtliches; in sie zurückzukehren stößt auf Hindernisse, die nur ein Recht auf Arbeit aus dem Wege räumen könnte. Ein solches Recht liegt jenseits der Horizonte, die das Grundeinkommen absteckt. Die Freiheit, die es offeriert, weist, dem ersten Augenschein zufolge, in eine Einbahnstraße. Läuft sie sich darin fest mit dem betrüblichen Ergebnis, die Spaltung der Gesellschaft in modifizierter Form zu zementieren?

Beginnen wir mit denen, die den Ausstieg wählen. Da ihnen der Rückweg rechtlich abgeschnitten ist, wissen sie, welches Risiko sie laufen – ein zusätzliches und zudem starkes Argument gegen die Hypothese massenhafter, bedenkenloser Abwanderung aus dem Erwerbssystem. Um ihre Rückkehrchancen lebendig zu erhalten, sind die Aussteiger gut beraten, ihre Fähigkeiten auch unter diesem Gesichtspunkt zu trainieren. Aktive Muße empfiehlt sich, um die freie Zeit persönlich einzufangen, ohnedies, und nun auch ökonomisch. Das trifft sich doch ganz gut. Das spricht zugunsten der Vermutung regen Lebens auf der Einbahnstrasse, zehrt am Verdacht, die Ausstiegsoption sei nur eine Falle, in die all jene tappen sollen, die ökonomisch überflüssig sind; abgefunden, abgeschoben.

Die Grundsicherung so kleinlich aufzufassen, als Stilllegungsprämie, heißt, ihr Wesen und ihre Möglichkeiten gründlich zu verkennen. Sie formuliert in Wahrheit einen Bildungsauftrag an die Einzelnen und an die Gesellschaft, die sie miteinander formen; davon später mehr.

Würde dieser Auftrag angenommen und erfüllt, zweigte die Einbahnstraße in Umkehrspuren ab, auf die Rückkehrwillige guter Hoffnung einschwenken könnten. Glückliche Ankunft verheißt das gleichwohl nicht, selbst dann nicht, wenn sich unser politisches Führungspersonal zu klugen Kombinationen von Arbeits- und Freizeiten nach skandinavischem Muster verstünde und die größte zivilisatorische Errungenschaft der letzten einhundertfünfzig Jahre – fortschreitende Arbeitszeitverkürzung – pfleglich behandelte. Die Grundidee, alle Erwerbspersonen teilen die vorhandene Arbeitsmenge paritätisch unter sich auf, sinkt diese, so auch der Anteil, den jede(r) zu verrichten hat, ist heute genauso sinnvoll und wegweisend wie zu der Zeit, als sie in die Welt trat. Nur die Verhältnisse, die sind derzeit nicht so …

Wenn weder Arbeit noch persönlich disponible Zeit Monopolbesitz darauf abonnierter Menschengruppen sind und Übergänge von der einen Sphäre in die andere teils reibungslos verlaufen, teils passabel, ist viel erreicht.

Wer seine ökonomische Position freiwillig räumt, erwirbt keinen Anspruch, jene, die an ihrer Arbeit haften, von ihrer Stelle zu vertreiben. Das wussten er und sie vorher, und so widerfährt ihnen kein Unrecht. Um ins Berufsleben zurückzufinden, müssen sie die Stelleninhaber zu sich hinüberlocken, durch eine Art der Lebensführung, mit der die anderen in Gedanken tauschen möchten. Auch darüber herrscht Klarheit, von Anfang an.

Verwickelter gestalten sich die Dinge, wenn Menschen, jünger an Jahren, ins ökonomische Getriebe gar nicht hineingelangen. Sie können nicht aufgeben, was sie nie besaßen, und »wählen«, wozu das Schicksal sie bestimmt – die kalte Schulter der Freiheit. Das wäre, in der Tat, die Wiederkehr sozialer Ausgrenzung, weder rechtens noch gerecht. Dagegen einzuschreiten, ist die Gesellschaft als ganze aufgerufen, in der Pflicht. Eine Lehrstelle vermag sie so wenig zu garantieren wie, nach bestandener Lehre, einen Arbeitsplatz, und so muss sie sich auf Lösungen besinnen, die ein selbstbestimmtes Leben als Bürger unter Bürgern auf andere als Arbeitsart befördern.

Die Alternative zu Arbeit, Stelle und Beruf hört auf den Namen »Projekt«; darauf besitzt jede(r) junge Erwachsene einen unaufgebbaren Anspruch. Ein recht verblichenes Firmenschild für ein eigenes Leben, wird manche(r) sagen. Es aufzupolieren, die Sache, um die es geht, vom Odium beschäftigungstherapeutischer Maßnahmen zu befreien und als solche wieder hinzustellen, als faszinierendes Bildungsabenteuer nämlich, rechtfertigt jede Mühe.

13.
Freigänger, Mitläufer

Verhältnisse für das Grundeinkommen zeugen zu lassen, die nicht so sind, wie sie sein sollten, das klingt nach kleinlautem Burgfrieden mit dem krud Gegebenen, mutlos.

Lassen wir uns den Vorwurf gefallen. Loten wir alle Möglichkeiten eines humanen Zeitregimes der Arbeit aus. Erwägen wir leidenschaftslos die Chancen einer Vollbeschäftigung mit menschlichem Antlitz: Alle arbeiten, und zwar so, dass Arbeit wie ein leichter Mantel auf den Schultern liegt, statt, einem Korsett gleich, auf die Atemluft zu drücken.

Um das allein durch Arbeitszeitverkürzung, die am Tagwerk ansetzt, zu erreichen, müsste das Arbeitsvolumen des heute aktiven Teils der Erwerbsbevölkerung dramatisch schrumpfen. Ein gesetzliches Verbot von Überstunden, die zur Regel werden, böte sich als erstes, noch ganz unzureichendes Verfahren an. Umfänglichere Kontingente der Abseitsstehenden wieder sozial gesichert in die Arbeitswelt zu integrieren erforderte eine sofortige Verkürzung des Arbeitstages auf sieben Stunden, besser noch auf sechs, unter Wahrung des gegebenen Lohnniveaus. Um jede und jeden angesichts fortlaufender Neuerungen und Rationalisierungen in Arbeit zu versetzen, wäre es ergänzend nötig, Stellen zu halbieren, zu dritteln, was in vielen Fällen zu Stückwerk führen würde, zu sachwidrigen Eingriffen in Funktionsabläufe. Ein Forscher, der ein Problem durchdenkt, ein Architekt, der einen Bau entwirft, sähe sich nach drei, vier Stunden werktätigen Daseins von seiner Arbeit abberufen; der nächste kommt, pocht auf sein Recht und werkelt weiter.

Dagegen erhöbe sich erwartbarer Protest. Ihn zu beschwichtigen, entstünden, da kann man wetten, Positionen, die, weil ökonomisch sinnfrei, Beschäftigung nur simulieren. Ihr wolltet Arbeit, bitte sehr, nun füllt sie aus oder schweigt, als Heuchler abgestempelt, hinfort betreten!

Nur ein neuer Leviathan, der sich den Erdball gefügig gemacht hat, vor dem Unternehmer und abhängig Beschäftigte gleichermaßen kuschen, könnte das unter gelassener Inkaufnahme des dabei angerichteten Schadens erreichen. Das allgemeine Arbeitsversprechen wäre eingelöst, auf Schrecken gebietende Art: durch die Verwandlung der Gesellschaften in große Arbeitshäuser, in denen das Recht auf Arbeit fröhlich die Knute des Arbeitszwangs schwingt.

Wir wollen die Regierenden, die schon von sich aus zu tiefschwarzen Fantasien neigen, durch rückwärtsgerichtete Forderungen zu einer solch bizarren »Endlösung« der Beschäftigungsfrage nicht eigens motivieren!

Doch warum sklavisch am Arbeitstag festhalten? Warum ohne Not dem Zwang opfern, Arbeiten sinnlos zu vervielfältigen oder sinnwidrig zu zerstückeln? Alle Aufmerksamkeit und alle Zuwendung der Lebensarbeitszeit! Ein auskömmliches Grundeinkommen, gerne, aber befristet auf zwei, drei Jahre oder auch auf vier, je nach Arbeitsangebot und Stellenreservoir, in Portionen abrufbar. Die Arbeit aussetzen, nicht absetzen vom Lebensplan, aussteigen mit Wiedereinstiegsgarantie, so sieht er aus, der Umhang, der für alle passt und keinen einschnürt! Eine zusätzliche freie Stunde, angenehm, willkommen, zieht im Flug vorüber, ein arbeitsfreies Jahr vor Augen, da fängt man an zu träumen und zu planen.

Das mutet menschenfreundlich an, für uns Deutsche, zeitökonomischer Dummheit unterworfen, beinahe märchenhaft. Anderswo lebt, arbeitet man auf diese Weise, praktiziert die Vereinbarkeit von Grundeinkommen und hoher Beschäftigungsquote, statt sich den Kopf darüber zu zerbrechen. Die Grenzen der individuellen Handlungsfreiheit erweitern sich beträchtlich; sie ganz auszuschreiten, ist das Modell nicht radikal genug.

Mein Recht, die Arbeit befristet auszusetzen, wird mir als Kehrseite allgemeiner Arbeitspflicht bewusst. Damit ich »raus« kann, muss ein anderer »rein«, oder die Arbeit ruht. Die Pflicht schraffiert die Freiheit auch auf dem Rückweg: Damit ich »rein« kann, muss, bei konstantem Stellenpool, ein anderer »raus«, oder ich trete neben ihn, als Double, und tue so, als ob.

Nur eine Spaltung der Erwerbsbevölkerung könnte diese Misere steuern, derart, dass eine Klasse pendelt und die andere nicht. Dann würden nur die Pendler in die Grundeinkommenskasse investieren und daraus Nutzen ziehen. Sie allein besäßen das Recht auf Auszeiten und erkauften es durch das wechselseitige Versprechen, einander in Intervallen abzulösen. Die anderen, fix beschäftigt, verharrten, ohne Ausstiegsklausel, in ihren Positionen und wären, da dem Teilen abgeneigt, vertraglich kündbar.

So oder so, mit eingebautem periodischem Freigang für alle oder nur für einige, blieben doch sämtliche Erwerbspersonen in der Verfügung des Arbeitsmarktes. Die Machtbalance zwischen Arbeitsherren und Arbeitsvolk neigte sich ein wenig den abhängig Beschäftigten zu; der Blickkontakt fiele etwas leichter, von gleicher Augenhöhe keine Spur.

Besser, allemal, eine Utopie im Taschenformat, die einen Vorgeschmack der ganzen Freiheit vermittelt, als das dumpfe Regime des »ökonomischen Zwangs«, mit dem man uns hierzulande bis zur Erschöpfung kujoniert. Politiker, die sich davon einschüchtern lassen, während sie von »mehr Freiheit wagen« schwadronieren, vom Gestalten, sind doch nur Mitläufer, Pragmatiker im angreifbaren Sinn des Wortes.

14.
Kollaps der Wirtschaft?

Um ein Problem in seinen letzten Konsequenzen zu durchdenken, ist es mitunter nützlich, die Sphäre der realen Gegebenheiten zu verlassen und sich in eine vorgestellte Zukunft zu versetzen. Das von den Gegnern eines Grundeinkommens immer wieder heraufbeschworene Phantom einer alsbald zusammenbrechenden Wirtschaft fordert ein solches Gedankenexperiment heraus.

Was wäre, wenn der Gesellschaft eines Tages die Arbeit tatsächlich ausginge, was geschähe auf dem Weg dorthin?

Angenommen also, die Menschen hätten sich restlos von unmittelbarer Arbeit emanzipiert, Produktion und Wertschöpfung gingen ohne sie vonstatten. In diesem Fall hätte sich der Traum des Einzelunternehmers – geringstmögliche Lohnkosten, größtmöglicher Absatz – als Alptraum der Unternehmerklasse verwirklicht. Die in Lohn ausgelegte Kapitalsumme betrüge Null, die durch Erwerbsarbeit erworbenen Ansprüche auf Anteile an der erzeugten Warenmasse beliefen sich ebenfalls auf Null. Der Kapitalismus, wie wir ihn kennen, fände ein jähes Ende. Ohne Konsumenten, ohne zahlungsfähige Nachfrage, verlöre die Produktion ihr Ziel und ihren Motor.

Die naheliegende Ausflucht, Produktion und Absatz seien räumlich und zeitlich entflochten, produziert würde hier und jetzt, verkauft an anderem Ort und später, verfängt nicht, denn was für einen Standort gilt, das gilt, in dem Gedankenspiel, für alle. Um eilfertigen Einwänden für einen Wimpernschlag den Boden zu entziehen, sei, noch weiter übertreibend, angenommen, es existiere ein soziales Paralleluniversum, das seine überschüssigen Kapazitäten in unser System einspeist, die Erdenbürger mit allem Notwendigen und Annehmlichen versorgt. Dann lösten sich sämtliche soziale Dissonanzen auf. Der materielle Lebensgrund läge außerhalb des gesellschaftlichen Lebensprozesses, alle hätten von allem genug, auch ohne eigene Mühe, und niemand kreidete die unverdiente materielle Wohlfahrt anderen als Faulheit an. Keiner weinte dem Arbeits-Kapitalismus auch nur eine Träne nach.

Ganz so weit muss man gar nicht gehen, um das Thema gedanklich auszureizen. Das Faszinosum der frühen 1970er-Jahre, die menschenleere Fabrik, genügt dazu vollauf.

Vorausgesetzt mithin, der produktive Apparat käme ohne Handlanger aus, selbst ohne nennenswertes Überwachungspersonal. Dann müsste er weiter mit Rohstoffen beliefert, mit Energie versorgt, gewartet, in Teilen oder ganzen Modulen periodisch erneuert werden. Das Endprodukt müsste die Verbraucher erreichen, die ihrerseits nicht nur essen und sich kleiden, sondern auch wohnen und sich fortbewegen wollen; all das schließt Arbeit ein. Mag vielen der Tag lang und daher die Praxis zur Gewohnheit werden, sich wechselseitig Dienste zu erweisen, Genüsse zu verschaffen, die sie vordem kauften; der Inanspruchnahme von kommerziellen Dienstleistungen und Spezialisten durchgehend zu entraten scheint ausgeschlossen.

Bleibt folglich ein weiter einzuschränkender, aber niemals aufzuhebender Aufwand an elementaren Überlebenstätigkeiten, kollektiven Kraftanstrengungen, an Arbeit. Gegen den heutigen nähme er sich geringfügig aus, und eine künftige Menschheit, die darin fortführe, die individuelle Arbeitszeit als unverrückbares Maß des persönlichen Zugriffs auf den gemeinschaftlich erzeugten Reichtum festzuschreiben, beginge die ärgste Donquichotterie seit Anbeginn der Welt. Statt den produktiven Apparat von den Fesseln des aus Arbeit gewonnenen Einkommens zu befreien, schnürte sie ihn starrsinnig darin ein und erdrosselte das Motiv zur Produktion.

Das Missverhältnis zwischen zeitlichem Aufwand pro Person und kooperativem Gesamtertrag bestünde fort, wenn die gesellschaftlich notwendige Arbeitszeit gleichmäßig auf alle Arbeitsfähigen verteilt würde. Da in diesem Fall alle Erwerbspersonen erwerbstätig wären, besäßen auch alle geldwerte Titel auf Teile des Gesamtprodukts. Nur eben entwertete, weil ein gegebenes

Arbeitsvolumen nunmehr die insgesamt verfügbare Arbeitsbevölkerung engagierte. Dieselbe Lohnsumme würde an eine größere Kopfzahl ausgereicht, der Gewinn der einen, bisher Abseitsstehenden, wäre der Verlust der anderen, schon Etablierten, sofern sie sich der Arbeit nicht verweigern und mittels dessen hohe Löhne für alle Beschäftigten aushandeln könnten. Das von sämtlichen Erwerbstätigen konsumtiv abschöpfbare Produkt bewegte sich innerhalb der früheren, zu eng bemessenen Formate. Der ökonomische Kreislauf stockte, und zwar nicht, weil zu viele Menschen aus ihm ausscherten, sondern weil diese, als Gesamtheit betrachtet, als Gesamtarbeiter, die Waren und Dienstleistungen nicht kaufen könnten, die sie herstellen.

Was tun?

15.
Konsumgeld oder Bürgergeld?

Mit Argumenten wie den eben dargestellten, in Erwartung einer stürmischen technisch-technologischen Entwicklung, plädierten Ökonomen schon in den 1960er-Jahren für ein Grundeinkommen. Einige von ihnen verknüpften damit emanzipatorische Absichten, betrachteten den Menschen als ein komplexes soziales Wesen, zu vielem fähig, aufgelegt; die Mehrheit sah auf ihn als Konsumenten. Wer nicht arbeitete, sollte trotzdem essen – und dann weiteressen, sich kleiden, behausen, reisen und dafür Geld ausgeben, zu Nutz und Frommen des Marktsystems. Um die Lücke zwischen dem herstellbaren Gesamtprodukt und der zahlungsfähigen Nachfrage schließen, das Marktsystem retten zu können, war es, im ureigensten Interesse der Unternehmerklasse nötig, ihn oder sie mit finanziellen Mitteln, mit einem »Konsumgeld« auszustatten. Aus der Perspektive der Arbeitsherren formuliert, las sich der Vertragsentwurf also:

Wenn sich eine ökonomisch hoch effiziente Gesellschaft außerstande zeigt, auch nur einem Gesellschaftsmitglied, das sein Leben durch »gute« Arbeit begründen möchte, dazu Gelegenheit zu geben, dann erwächst dem Gemeinwesen aus diesem »Versagen« die Verpflichtung zum Unterhalt dieses nicht arbeitenden Mitglieds und diesem selbst ein Recht auf Leben, auf Lebensunterhalt, *weil anderenfalls das Maß des Konsumierbaren hinter dem Maß des Herstellbaren zurückbliebe, was, im Großen gedacht, die Produktion zum Erliegen brächte.*

Zeichnet sich hier ein breites gesellschaftliches Bündnis für das Grundeinkommen ab, für Arbeit als Option? Bückt sich die Utopie, um dem Kommerz die Hand zu reichen, bedarf sie seiner als Gleitmittel, um ihrer sehr viel weiter gesteckten Ziele willen? Den Kompromiss vorschnell auszuschlagen wäre unklug, ihn einzugehen, ohne auf der ganzen Freiheit zu beharren, opportunistisch.

Zweierlei Grundeinkommen, zweierlei Ideale, zweierlei Freiheiten. Als Konsumgeld konzipiert, gehorcht die Zuwendung der kommerziellen Logik, dem Ideal der Konsumentenfreiheit. Als Bürgergeld verstanden und gebraucht, folgt sie dem Ideal umfassender gesellschaftlicher Teilhabe. Hier, zum Kontrast, der GRUNDSATZ in freiheitlicher Lesart:

Wenn sich eine ökonomisch hoch effiziente Gesellschaft außerstande zeigt, auch nur einem Gesellschaftsmitglied, das sein Leben durch »gute« Arbeit begründen möchte, dazu Gelegenheit zu geben, dann erwächst dem Gemeinwesen aus diesem »Versagen« die Verpflichtung zum Unterhalt dieses nicht arbeitenden Mitglieds und diesem selbst ein Recht auf Leben, auf Lebensunterhalt *zum Zwecke einer sozial erfüllten Daseinsführung.*

In einen Gesellschaftsvertrag einwilligen, bei dem sich alle Gesellschaftsmitglieder wechselseitig gegen die Unbilden des Lebens wie gegen die Fährnisse des Marktes versichern und unbehelligt als Bürger unter Bürgern leben – warum denn nicht!

16.
Kunde, Bürger, Mensch

Kunde oder Bürger: dem Einzelnen mag es gleichgültig sein, welche der beiden Erwägungen ihm sein Grundeinkommen beschert, allerdings nur so lange, bis er davon Gebrauch macht. Dann wird er, wird sie sich so oder so entscheiden müssen, für eine vorwiegend dem Kaufen und Verzehren gewidmete Lebensweise oder für ein selbstbestimmtes Leben, das, kaum nötig zu erwähnen, den Verzehr mit in sich einbegreift.

Der Bürger als Konsument bietet dem Arbeitsbürger wenig Anhaltspunkte für Sympathieerklärungen. Da der Hunger bei ihm direkt zum Essen führt und nicht viel weiter, spart er sich schlicht den Umweg, den die anderen gehen, um zum Essen zu gelangen; das verärgert. Der Konsument als Bürger appelliert dagegen an ihre Toleranz, weiß er sich in dem Leben, das ihm ökonomisch zufällt, doch persönlich zu behaupten, jenseits des Rahmens, den die Arbeit zur Verfügung stellt; das könnte sogar imponieren, zur Nachahmung ermuntern.

Bürger oder Mensch: Das Recht auf arbeitsfreies Leben geht, als in sich konsequente Utopie, vom Menschen aus. Aber ebenso vom Bürger, denn mit dem

»Menschen« ist erst die »bloße Möglichkeit« des Lebens anvisiert: Freiheit von Hunger, von bedrückender materieller Not, mit einem Dach über dem Kopf. Dem fügt der »Bürger« eine umfangreiche Liste sozialer und kultureller Ansprüche hinzu: Bildung, sozialen Austausch, Geselligkeit, ästhetische und politische Urteilskraft. Der Ausdruck »Bürgergeld« sagt und fordert genau das und präzisiert, sobald konkretere Auskünfte gefragt sind, das »Grundeinkommen«.

Zur Höhe eines als Bürgergeld ausgelegten Grundeinkommens ist grundsätzlich nur so viel mitzuteilen: Es garantiert ein materiell auskömmliches Dasein unter Berücksichtigung nationaler wie regionaler Teilhabeerfordernisse. Das bedeutet keinen Festbetrag, kein existenzielles Fixum, weder räumlich noch zeitlich. Die wirtschaftliche Leistungsfähigkeit von Staaten oder Staatenbündnissen kann wachsen oder schwinden, konkret unvorhersehbare Entwicklungen, zum Beispiel klimatischer Art, oder jetzt schon absehbare, künftige Kopfzahl und Altersstruktur einer Bevölkerung betreffend, können die zur Verfügung stehende Verteilungsmasse positiv oder negativ beeinflussen; all das wirkt sich auf den Umfang des Bürgergeldes aus.

Arbeitende und nicht Arbeitende verhandeln unter Einbeziehung aller dafür maßgeblichen Faktoren über die Höhe des Transfers. Die Mitbestimmungsrechte der Arbeitsbürger sind jederzeit gesichert – das sollte sie versöhnlich stimmen.

17.
Die demokratische Frage

Menschen arbeiten, um für den Lebensunterhalt von Menschen zu sorgen, die nicht arbeiten – seit der Verfestigung sozialer Ungleichheit ist das die Regel der Menschheitsgeschichte. In ihrem Geltungsbereich standen Menschen, die Arbeit verachteten, in hohem Ansehen. Sie blickten auf Menschen herab, die sich verdingten, und nutzten ihre Macht, um jeden Gedanken an Aufruhr im Ansatz zu ersticken. Die Gesellschaft zerfiel in Arbeitsherren und in Arbeitsvolk, und wie das Beispiel des klassischen Athen oder der römischen Republik zur Genüge illustrieren, hielten auch demokratische Gemeinwesen an dieser Spaltung fest. Deshalb von eingeschränkten, sozial halbierten Demokratien zu sprechen, von Geburtsfehlern, die zu berichtigen den modernen Demokratien vorbehalten blieb, fällt schwer.

Dank der Einführung bürgerlicher Freiheiten fielen Sklaverei und feudale Hörigkeit, nicht jedoch die Prämissen sozialer Untertänigkeit. Menschen arbeiteten, und zwar härter denn je, um für den Lebensunterhalt von Menschen zu sorgen, deren hauptsächliche »Arbeit« darin bestand, sie zum Arbeiten anzuhalten, dazu, ihnen, den Arbeitsherren, den größtmöglichen

Teil ihrer Lebenszeit als Arbeitszeit zu übereignen. In Gesellschaften wie den unseren gelang es, die verheerenden Auswirkungen dieses unternehmerischen Arbeitshungers allmählich zu mildern, eine »bürgerliche« Form der Lohnarbeit zu etablieren. Weniger scharf gezeichnet als noch in der Jugendperiode des modernen Kapitalismus, bestanden die gesellschaftlichen Trennungslinien zwischen Arbeitsherren und Arbeitsvolk gleichwohl fort. Mitunter fast schon aus dem Blickfeld der öffentlichen Wahrnehmung gerückt, werden sie nun wieder nachgezogen. Aus dieser Verschärfung der sozialen Gegensätze einen Verstoß gegen die demokratischen Sitten abzuleiten, dazu versteht sich, jedenfalls einstweilen, nur eine kleine Minderheit.

Was Menschen mehrheitlich weit heftiger erregt als Unternehmer, die nun schroffer auftreten als in der jüngeren Vergangenheit, oder abhängig Beschäftigte, die sich wieder mehr gefallen lassen – so ist das nun einmal im Wandel der ökonomischen Gezeiten –, ist der Anspruch von Personen aus ihren Reihen auf ein Recht auf Leben ohne Arbeit. Sehen sie da nur die demokratische Etikette verletzt, oder melden sich hier tiefer liegende Wertvorstellungen zu Wort?

Durch meine Arbeit für das Leben anderer zu sorgen, die nicht arbeiten – sofern diese anderen aufgrund körperlicher oder geistiger Handicaps nicht selber für ihr Leben sorgen können, meinetwegen. Sollten sich einige darunter finden, die arbeiten könnten, es aber aus Bequemlichkeit vermeiden, dann nehme ich das hin. Damit war, angesichts der Schwäche der menschlichen Natur, von vornherein zu rechnen. Mögen sich die Ämter um diese Drückeberger kümmern, mir fehlt die Zeit dazu. Durch meine Arbeit das Leben anderer zu subventionieren, die den Broterwerb verweigern – nur wenn ich darüber hinwegsehe, kann das geschehen. Mit meiner Arbeit, und zwar bewusst, aus eigenem Antrieb, das Leben anderer zu finanzieren, die ihrerseits bewusst, in aller Offenheit, die Mühsal fliehen – dieses Ansinnen spekuliert, als Appell an meine Großzügigkeit getarnt, auf meine Einfalt.

Man sieht: Je mehr Freiheit und Überlegung auf beiden Seiten ins Spiel kommt, desto schwieriger gestaltet sich der Ausgleich. Was ihm den Weg vertritt, ist der harte Kern demokratischer Sitten: egalitäre Bestrebungen.

Sowenig das Arbeitsvolk mit der Existenz von Unternehmern, von Arbeitsherren als solchen hadert, so wenig stört es sich an Menschen mit ererbtem Reichtum, die staatliche Leistungen konsumieren, ohne in nennenswertem Umfang Erbschaftssteuern zu entrichten. Sobald jedoch nur eine(r) aus seiner Mitte in die Freiheit eines Lebens ohne Arbeit aufbricht, verliert es die Geduld. Der hartnäckigste Widerpart, der der Forderung nach abwählbarer Arbeit gegenübertritt, heißt Gleichheit. Ihr Minimalziel ist soziale Wahlverwandtschaft, eine »Gesellschaft der Ähnlichen«. Was könnte dieser Ähnlichkeit gefährlicher werden als ein Recht, welches das älteste, stärkste und verlässlichste aller gesellschaftlichen Bande – gemeinschaftlich verrichtete Arbeit – im Handumdrehen auftrennt?

So schwer dieser Einwand wiegt, so leicht ist er hier, wo es einzig um die Grundsätze einer neuen sozialen Ordnung geht, zu widerlegen. Das verbriefte Recht, zur Arbeit Nein zu sagen, stärkt beide Gruppen, die in ihrer Arbeit Fortfahrenden ebenso wie die von ihr sich Abwendenden. Die bloße Chance, die Gemeinschaft der Arbeitenden jederzeit sozial angstfrei verlassen zu können, nötigt den Arbeitsherren »gute« Arbeit auf und erfüllt damit elementare Bedürfnisse auch der Arbeitsbürger. Verlieren diese ihre Arbeit oder verspüren sie, aus welchen Gründen je, den Wunsch, sie aufzugeben, werden sie endgültig begreifen, dass das neue Recht ihren ureigensten Interessen dient.

Die Ausweitung individueller Freiheiten auf die ökonomische Sphäre knüpft neue Bande von Mensch zu Mensch, abstraktere zugleich und allgemeinere. Der Arbeiter steht der Gleichheit nicht länger Modell. Er tritt, ohne sogleich abzudanken, in den Hintergrund und macht dem Bürger Platz, der nun die Vorderbühne für sich einnimmt, seinesgleichen, ob Arbeiter, ob nicht, wahlverwandt, gewogen – was könnte erfreulicher, was zeitgemäßer sein?

18.
Über Steuern etc.

Menschen arbeiten, um für den Lebensunterhalt von Menschen zu sorgen, die nicht arbeiten – das einmal allseits zugestanden, als neue, freie Üblichkeit, bedarf es eines Zusatzes. Ist es doch nicht die Arbeit unmittelbar, die die Nichtarbeit ernährt, sondern erstens nur ein Teil davon und zweitens dieser Teil in geronnener Form, als Geld, das mir eigentlich zustünde, dessen ich jedoch verlustig gehe. Es wird mir entweder sogleich von meinem Lohn, meinem Gehalt abgezogen oder später, wenn ich es zu Markte trage.

Im ersten Fall, dem Fiskus direkt unterworfen, finanziere ich die Nichtarbeit in meiner Eigenschaft als Steuerbürger, im zweiten Fall als Käufer. Mögen die Belastungen, die ich in der einen wie in der anderen Rolle zu schultern habe, auch dieselben sein, mein Freiheitswunsch neigt zu der zweiten Variante, zu Verbrauchssteuern als hauptsächlicher, wenn nicht einziger Quelle des Grundeinkommens. Hier wähle ich die mir abverlangten Opfer, eines nach dem anderen, zumindest selber aus. Meine Beiträge zum Unterhaltungsfonds der Abstinenzler fließen, Einheit für Einheit, aus meiner Konsumentensouveränität.

Da die Bezieher des Grundeinkommens, des bloßen

Auskommens also, gar nicht umhin können, in voller Höhe wieder auszugeben, was sie empfingen, füllen sie, ohne etwas für sich zu behalten, die Kasse, die sie unterhält. Alles gestaltet sich einfach und durchsichtig, für alle – ein Recht, ein Fonds, ein Bürge für die ganze Unternehmung, der Konsument.

Direkte Steuern, auf Einkommen oder Unternehmenserträge erhoben, beschränken die kommerzielle Willensfreiheit, Abgaben, die einzig auf der Arbeit lasten, verteuern diese; beide Instrumente verschlechtern die Wettbewerbsbedingungen für die je einheimische Wirtschaft und gehören daher in die Steuerrumpelkammer. So hört man derzeit aus berufenem, unternehmerischem Munde.

Ganz so unproblematisch, wie behauptet, wäre eine Entscheidung zugunsten einer ausschließlich durch Verbrauchssteuern finanzierten Grundsicherung keinesfalls.

Um das Aufkommen aller ausgeschlagenen Steuerarten zu kompensieren, müsste die Akzise spürbar angehoben, selbst in skandinavischen Ländern mehr als verdoppelt, zwischenstaatlich angeglichen werden, oder die Konsumentenflucht avanciert zur zeitgemäßen Form der Steuerflucht. Von diesen Schwierigkeiten abgesehen, wirft der vorgeschlagene Finanzierungsmodus weitere Fragen auf.

Die Konsumentenfreiheit verwirklicht sich in der Wahl, zu kaufen oder nicht zu kaufen, über je mehr

Geld eine(r) verfügt, desto freier die Wahl, desto größer die Chance, dass er oder sie vom Kaufen Abstand nimmt und lieber spart oder den Spielsaal aufsucht. Unterliegen derart erzielte Gewinne irgendeiner Bürgschaftspflicht fürs allgemeine Wohl? Gedenkt man, mühelos erworbene Einkommen aus Grund- und Hausbesitz, aus Erbschaften, hohe Spareinlagen dazu heranzuziehen?

Falls nicht, wo bleibt dann die Gerechtigkeit, derzufolge Menschen die gemeinschaftlichen Fonds nach Maßgabe ihrer materiellen Habe unterhalten. Im Zeitalter des abstrakten, spekulativen Kapitalismus stillschweigend anzunehmen, die Rate des Konsums steige proportional zum Einkommen, beweist wenig Wirklichkeitssinn.

Sollen Produkte, die der Gesundheit schaden, natürliche Ressourcen, speziell erschöpfbare, zukunftsblind verschwenden, keinen Beitrag zum Recht auf Leben ohne Arbeit leisten, in Form von Zuschlägen, die darauf entfallen? Je unmündiger, unbedenklicher der Konsument gegen sich selbst und andere verfährt, desto förderlicher erwiese er sich, auf Umwegen, den Zwecken des Gemeinwohls: private Laster als öffentliche Vorteile. Ohne einen solchen »Ablasshandel« mit der Einfalt keine ökologische Gerechtigkeit und folglich auch keine adäquate Finanzierungsbasis für ein emanzipatorisches Projekt wie das Grundeinkommen!

Die Preise für diese Güter würden freilich steigen, zu Lasten des Konsumvolumens, nachwachsende Einsicht in globale Zusammenhänge unterstellt. Aber das ist erstens unvermeidbar, wollen wir uns als säumige ökologische Schuldner endlich ehrlich machen, und zweitens ein zusätzliches Argument zugunsten möglichst vieler Ströme, die ins Grundeinkommen münden.

Die pauschale Antwort auf die Frage: Wer soll das Bürgergeld auf welche Art bezahlen?, fällt dementsprechend kurz, lakonisch aus: jede/r nach ihren/seinen Möglichkeiten, unter Heranziehung sämtlicher Einkommensquellen und Einkommensarten und gemäß der Sorgsamkeit im Umgang mit der eigenen und äußeren Natur.

Überhaupt, Menschen, die sich auf den GRUNDSATZ des Gesellschaftsvertrags verständigt haben, werden ihn auch praktisch auszuführen wissen, die richtige finanzielle Mischung finden.

Und die Ohren spitzen, hoffentlich, wenn Tricks sie betören.

Eine publikumswirksame Version des Grundeinkommens offeriert, meistbietend, jedem Bürger, jeder Bürgerin bis zu 1500 Euro monatlich – vom Arbeitseinkommen abzugspflichtig. Verdiene ich in meiner Stelle den nämlichen Betrag, zahlt mir die Firma künftig keinen Cent. Die Zuwendung, als generöse Gabe missverstanden, subventioniert realiter die Löhne und Gehälter; Grundsicherung als große Schmiere, fürs ökonomische Geschäft und überhaupt.

Nur ein gewiefter Unternehmer konnte auf diese Idee verfallen! Nur Einfaltspinsel können dafür applaudieren – und dann konsumieren, was die Börse hergibt. Berappen sie in diesem Modell als Käufer doch selbst die Zeche, die sie irrtümlich zu prellen meinen.

19.
Grundeinkommen als unternehmerischer Ansporn

Für den Unternehmer ohne geistige Höhenflüge ist das Grundeinkommen ein Graus, das Bürgergeld, auf andere als nur materielle Werte ausgerichtet, in noch stärkerem Grade als das dem Verzehr gewidmete Konsumgeld. So oder so schwindet seine Macht gegenüber den nach Arbeit Verlangenden und dafür soll er auch noch zahlen als Steuerbürger oder Konsument.

Für alle Unternehmer und auf längere Sicht entfaltet das Grundeinkommen einen ganz aparten Reiz. Die Entkopplung von Einkommen und Arbeit schafft dem produzierten Reichtum Konsumenten, und zwar solche, die nicht sparen können. Selbst wenn die Grundsicherung nichts anderes als die Umverteilung der Einkommen bezweckte, wäre sie, verbrauchstechnisch gesehen, rational. Sie sorgt, damit nicht genug, für »gute« Arbeit, also auch für gute Löhne; wiederum ein Plus für Konsumtion und Absatz. Derselbe Effekt steigert indes auch den Anreiz, lebendige Arbeit, wo irgend möglich, einzusparen. Die Reihen der Arbeitsbürger lichten sich, die der Grundeinkommensbezieher füllen sich dementsprechend auf; hier lauert, wie es scheint, ein Paradox.

Es auszukosten, müht sich ein gern und süffisant erhobener Einwand: Die Fonds zu speisen, die das Leben ohne Arbeit finanzieren, erfordert annähernde Vollbeschäftigung. Nur besteht in diesem Fall für eine Grundsicherung kein ernsthafter Bedarf. Und umgekehrt: Ist Bedarf vorhanden, fehlen die Voraussetzungen, ihn zu befriedigen. Soziale Notwendigkeit und ökonomische Möglichkeit des Grundeinkommens schließen einander aus.

Um diese Kritik zu parieren, ist zunächst an schon Gesagtes zu erinnern: Sämtliche Erwerbsarten und -quellen stehen zur Finanzierung des Grundeinkommens bereit; Steuern und Abgaben auf Arbeit bestreiten nur einen Teil des Aufkommens, einen tendenziell abnehmenden überdies.

Die Beschäftigungsquote, gleichgültig, ob hoch, ob niedrig, trifft keinerlei Aussagen über die Notwendigkeit der Grundversorgung; hier greifen einzig menschenrechtliche Erwägungen.

Die künftige Vollbeschäftigung sodann, sollte sie je kommen, dürfte mit der Vollbeschäftigung der jüngeren Vergangenheit wenig mehr gemeinsam haben als die Einbeziehung (fast) aller Erwerbsfähigen ins wirtschaftliche Tretrad. Arbeitende Arme werden das Bild ebenso bestimmen wie Menschen, die von einem Job zum nächsten hetzen, um ein halbwegs auskömmliches Dasein zu gewinnen. Nur wenn ein Recht auf Leben ohne Arbeit die Beschäftigungsverhältnisse reguliert, ließe sich daran etwas ändern.

Das vermeintliche Paradox beruht, sieht man von

alldem ab, auf einem groben Irrtum: Je mehr unmittelbar menschliche Arbeit aufgewandt würde, desto umfänglicher sei der zu verteilende materielle Reichtum, mithin der Umverteilungsspielraum der Gesellschaft – ein vorindustrieller Denkstandpunkt. Tatsächlich kulminiert die wirtschaftliche Leistungsfähigkeit eines Unternehmens, eines Wirtschaftszweiges, einer Nation in deren Fähigkeit, lebendige Arbeit durch wissenschaftliche Überlegung und technische Erfindungsgabe einzusparen.

Das Grundeinkommen unterstützt das ökonomische Kalkül; darin liegt sein Witz auch für den Unternehmer. Dessen Antwort auf die ökonomische Unabhängigkeit der Individuen, auf das daraus erwachsende »Anspruchsdenken« der Arbeitenden lautet: »schöpferische Zerstörung« der eingefahrenen Wege und Methoden der Produktion, weniger Menschen, noch mehr »Maschinen«, stets der Erste und der Beste sein. Seine Konkurrenten denken und verfahren, wenn hohe Löhne sie dazu animieren, ebenso, zum Vorteil ihrer gemeinschaftlichen Wettbewerbsfähigkeit und somit auch zum Vorteil der Gemeinwesen, des allgemeinen materiellen Wohlstands.

Das Grundeinkommen setzt – an und für sich – eine Handlungskette in Bewegung, dank derer es sich selbst erhält und mageren Speck ansetzt.

»An und für sich«, denn die Gewinne am selben Ort, an dem der Reichtum produziert wird, abzuschöpfen, gibt selbst willigen Finanzbehörden Rätsel auf, die sie überfordern. Je räumlich ausgreifender, vernetzter und verflochtener die Produktion vonstattengeht, desto weniger konzentriert sie sich überhaupt an einem Ort. Den Reichtum sozial wieder einzufangen, ihn dingfest zu machen, vermag nur mehr grenzüberschreitende Politik, und nur auf dieser Ebene, der supranationalen, besitzt auch der GRUNDSATZ eines zu schließenden Gesellschaftsvertrags Aussicht auf Verwirklichung; er bestimmt sich daher nochmals fort:

Wenn sich eine ökonomisch hoch effiziente Gesellschaft außerstande zeigt, auch nur einem Gesellschaftsmitglied, das sein Leben durch »gute« Arbeit begründen möchte, dazu Gelegenheit zu geben, dann erwächst dem Gemeinwesen aus diesem »Versagen« die Verpflichtung zum Unterhalt dieses nicht arbeitenden Mitglieds und diesem selbst ein Recht auf Leben, auf Lebensunterhalt zum Zwecke einer sozial erfüllten Daseinsführung.

Praktische Wirksamkeit gewinnen jene Verpflichtung und dieses Recht innerhalb eines möglichst umfassenden Bündnisses von Staaten, die dafür ökonomisch reif genug sind.

20.
Gewissenhaft arbeiten

Arbeit als Option, das ist das Gegenstück zur Exit-Option der Unternehmen: »Wir können auch anders, anderswo!« Beide Optionen spielen ineinander, und beide zeitigen Folgen, noch ehe sie praktisch greifen. Allein die öffentliche Überlegung einer Unternehmensleitung, die Produktion ins Ausland auszulagern, teilweise oder gänzlich, »überredet« die Belegschaft zu Zugeständnissen: Lohnverzicht, längere Betriebszeiten oder eine Kombination aus diesen »freiwilligen« Opfern.

Unterliegt außer dem Produktionsstandort auch die Arbeit der Abwahl, herrscht, der Tendenz nach, Waffengleichheit. Jetzt können die Arbeitnehmer gleichfalls Druck ausüben, den Arbeitsherren »guten« Lohn abtrotzen, Betriebszeiten, die auf den Lebensrhythmus der Angestellten Rücksicht nehmen. Das stachelt die Unternehmer wiederum zur Ausgliederung von Fertigungsprozessen oder dazu an, Arbeit durch organisatorische sowie technisch-technologische Arrangements zu sparen. Das wirksamste Mittel gegen die ökonomische Willensfreiheit der Arbeitenden ist, sich ihrer als Personen zu entledigen, sie aus dem Spiel auszuschließen. Ein Gegenmittel gibt es nicht. Ausschluss schlägt Ausstiegsdrohung, Ausstiegsdrohung zittert vor dem Ausschluss. Hier endet die Waffengleichheit, hier stößt die Verhandlungsfreiheit der Arbeitsbürger an ihre Grenze. Die Offenheit des Ringens innerhalb der Grenze markiert, dessen ungeachtet, einen zivilisatorischen Fortschritt; der ökonomische Lebensprozess der Gesellschaft bequemt sich demokratischer Spielregeln. Wer wollte, wer könnte das offen tadeln?

Die Freiheit, Arbeit leisten zu können, aber nicht zu müssen, stärkt auch die moralische Selbstbestimmung der Individuen. Sie sehen sich nunmehr in der Lage, »schädliche« Arbeitsverhältnisse zu quittieren. Arbeit richtet moralisch inakzeptablen Schaden an, wenn sie die Natur gravierender belastet, als das beim je erreichten Niveau von Wissenschaft und Technik nötig wäre. Sie schadet, und zwar auf unverantwortbare Weise, wenn das Produkt, in das sie eingeht, humanitäre Minimalstandards wie das Verbot von Landminen verletzt. Der durch Arbeit verursachte Schaden überwiegt den Nutzen, wenn sie anderen die Luft zum Atmen nimmt, wie im Fall des Autobauers, der Luxuslimousinen fertigt.

Die aus dem Stehgreif herbeizitierten Fälle, die aufzustocken wenig Mühe kostet, verdeutlichen, wozu die Verneinbarkeit von Arbeit führt: zu einer unbekannten, ungewohnten Qual der Wahl. Im selben Augenblick, in dem der feste Griff des Erwerbs nachgibt, verwandelt sich die hypothetische Frage nach der moralischen Vertretbarkeit einer Verrichtung in eine unabweisbare Zumutung an jeden und jede. Er und sie sind nun gehalten, die längerfristigen, ferneren Konsequenzen ihres Tuns mitzubedenken und daraus gegebenenfalls den Schluss zu ziehen, dass Schluss sein muss mit dieser Arbeit – um der eigenen körperlichen Unversehrtheit sowie des Wohlergehens unbekannter anderer willen.

Die rettende Ausflucht: Entscheide ich mich gegen diese Arbeit, riskiere ich meine bürgerliche Existenz, verfängt nicht länger – hic Rhodos, hic salta! Der Allerweltsausdruck »Arbeite gewissenhaft!« erwirbt eine ganz neue Bedeutung. Keine überzeugende Arbeitsethik ohne »Ferneethik«, keine Freiheit ohne Freiheitsfähigkeit und: keine »gute« Arbeit, die das allgemeine Gute achtlos übergeht.

Der GRUNDSATZ des Gesellschaftsvertrags berücksichtigt diesen Zusammenhang:

Wenn sich eine ökonomisch hoch effiziente Gesellschaft außerstande zeigt, auch nur einem Gesellschaftsmitglied, das sein Leben durch »gute« Arbeit begründen möchte, dazu Gelegenheit zu geben, dann erwächst dem Gemeinwesen aus diesem »Versagen« die Verpflichtung zum Unterhalt dieses nicht arbeitenden Mitglieds und diesem selbst ein Recht auf Leben, auf Lebensunterhalt zum Zwecke einer sozial erfüllten Daseinsführung *sowie in der ausdrücklichen Absicht, die moralische Selbstbestimmung des Individuums zu stärken.*

Praktische Wirksamkeit gewinnen jene Verpflichtung

und dieses Recht innerhalb eines möglichst umfassenden Bündnisses von Staaten, die dafür ökonomisch reif genug sind.

Mit jeder neuen Formulierung des GRUNDSATZES verschieben sich dessen Akzente – weg vom ökonomischen »Versagen« der Gesellschaft und hin zur persönlichen Autonomie der Einzelnen.

21.
Entspannter miteinander leben

In erwerbszentrierten Gesellschaften fungiert Arbeit als Mittel und Ausweis sozialer Zugehörigkeit. Ihr Nichtbesitz vermittelt Menschen das Gefühl des Ausgegrenztseins. Der Kampf um gesellschaftliche Anerkennung wird als Kampf um Arbeit ausgetragen. Er gewinnt an Schärfe, wenn der Stellenvorrat schrumpft, und wütet vorzugsweise unter denen, die sich von »guter« Arbeit ausgeschlossen sehen. Das Ziel des Kampfes ist die Verknappung der Anspruchsberechtigten, sein Einsatz Gebürtigkeit. Nur gebürtige Deutsche, Franzosen, Italiener sollen teilhaben dürfen an dem knappen, kostbaren Gut; ökonomische Stammesfehden inmitten der entgrenzten Welt, Apartheid der globalen Unterschicht. Mit derselben Unduldsamkeit, mit der viele Arbeit Leistende auf das Heer der nicht Arbeitenden blicken, blicken deren einheimische Fraktionen auf die Fremden, Zugereisten, auf jene, die noch kommen könnten.

Die fremden Arbeitslosen ziehen Neid auf sich, wenn sie staatliche Leistungen empfangen, ohne dafür zu arbeiten, und zwar selbst dann, wenn sie per Gesetz gar nicht arbeiten dürfen. Sie ernten Neid, wenn sie, im Besitz einer Arbeitserlaubnis, nach Arbeit verlangen. Neid empfängt sie, wenn sie tatsächlich Arbeit verrichten. Ihre Arbeit ist Diebstahl, und so, wie gemeine Diebe, die sich an anderer Leute Gut vergreifen, behandelt man sie oftmals.

Die Absetzbarkeit von Arbeit auf Basis eines gesicherten Grundeinkommens entzieht diesen Kämpfen und den sie begleitenden Affekten mit der ökonomischen Grundlage auch die kulturelle. Um als vollwertiger Bürger am gesellschaftlichen Leben teilhaben zu können, muss ich nicht zwingend arbeiten. Wähle ich die Arbeit ab, begebe ich mich aus freien Stücken in dieselbe Lage, in der der Fremde sich befindet, und spare mir, gleich ihm, den Schweiß zum Brot. Mein Bürgerdasein klebt, so wenig wie mein Selbstrespekt, an Arbeit, sein materielles Dasein, ob Bürger oder nicht, ist gleichfalls frei davon – worüber also mit ihm streiten? Er ist kein Dieb und ich bin kein Betrogener. Die Jagd nach der Trophäe Arbeit, die uns entzweite, ist abgeblasen.

Sobald Arbeit aufhört, die Menschenwürde auszubuchstabieren, entspannt sich der gesamte gesellschaftliche Lebensprozess. Menschen, die arbeiten, erwerben allein dadurch keine Vorrechte gegenüber Menschen, die nicht arbeiten. Unterschiedliche Arten der Lebensführung begründen keine soziale Hierarchie, und ebenso verhält es sich mit den Umständen und dem Ort der Geburt. Der ethnisch Fremde, lebe er nun als Bürger unter Bürgern oder unter ihnen als Gast, fügt seiner Würde nichts hinzu, indem er arbeitet, und erleidet keinen Ansehensverlust, wenn er ökonomisch fastet; das mag er halten wie jede(r) andere auch.

Der Arbeiter, als Typus genommen, verliert zusammen mit seinem sozialen Privileg auch seine vertraute Physiognomie, sein »völkisches« Antlitz. Die letzte Bastion der alten Arbeiteraristokratie, der »proletarische« Nationalismus, fällt. Alle können einander nunmehr frei von Neid und Hass begegnen, wobei es allerdings – und das ist eine Voraussetzung für die Entgiftung des kulturellen Klimas – in der Macht je »aller« steht, darüber zu befinden, wer künftig noch dazu gehören kann.

Dieser Gesichtspunkt, in den GRUNDSATZ aufgenommen, führt zu folgender, sprachlich entzerrten Formulierung:

Wenn sich eine ökonomisch hoch effiziente Gesellschaft außerstande zeigt, auch nur einem Gesellschaftsmitglied, das sein Leben durch »gute« Arbeit begründen möchte, dazu Gelegenheit zu geben, dann erwächst dem Gemeinwesen aus diesem »Versagen« die Verpflichtung zum Unterhalt dieses nicht arbeitenden Mitglieds und diesem selbst ein Recht auf Leben, auf Lebensunterhalt.

Praktische Wirksamkeit gewinnen jene Verpflichtung und dieses Recht innerhalb eines möglichst umfassenden Bündnisses von Staaten, die dafür ökonomisch reif genug sind.

Der Gesellschaftsvertrag wird zum Zwecke einer sozial erfüllten Daseinsführung sowie in der ausdrücklichen Absicht geschlossen, die moralische Selbstbestimmung des Individuums zu stärken *und das kulturelle Klima von Neid- und Hassgefühlen zu entgiften.*

22.
Skeptiker und Propheten

Freiheit und Freiheitsfähigkeit – das Thema klang schon mehrfach an. Es näher auszuführen bietet sich eine soziologische Einsicht an, die unterdessen als gesichert gelten darf. Ihr zufolge stabilisiert sich eine neue Freiheit in genau dem Maß, in dem sie verinnerlicht, gewohnheitsmäßig, üblich wird. Das klingt banal, ist aber alles andere als ein Gemeinplatz. Die Auflösung strenger Verhaltensnormen, sozialer Zwänge gelingt gesellschaftlich nur, wenn der dadurch eröffnete Freiraum durch gerade meine Fähigkeit gefüllt wird, mich nunmehr selbst zu steuern, mich selbst zu regieren. Vermag ich das so wenig wie die anderen, dann folgt auf den Unbill des Zwangs der Schrecken der Freiheit, auf Willkür von oben Willkür von unten. Vom Fremdzwang zur Selbststeuerung, das ist die Lösung des Freiheitsproblems, die schon die Alten propagierten, als sie forderten, nur Menschen, die sich selbst zu leiten wüssten, dürften ein Gemeinwesen regieren.

Wie steht es diesbezüglich mit dem heutigen Menschen ohne Arbeit, diesem Erben einer langen Vorgeschichte, die ihn, in aller Regel, zum Arbeitsgläubigen erzog? Ist die Annahme vernünftig, dass er sich von sich aus in die Freiheit findet, oder auch nur fair? Bedarf der Wechsel vom fremdgeleiteten zum selbstverantwortlichen Verhaltensstil keinerlei Wegweisung, keiner Hilfestellung?

Wer so denkt, denkt fahrlässig, gedankenlos und also gar nicht. Er verrät die neue Freiheit, weil er sie ausruft, ohne die äußeren und inneren Widerstände, gegen die sie sich behaupten muss, zu würdigen. Er (oder) sie verwechselt die Rolle des Intellektuellen, der sich mit gesunder Skepsis wappnet, mit der des Propheten, der sich über alles hinwegsetzt, was die frohe Botschaft irgend trüben könnte – die Freiheitsreligion anstelle der Arbeitsreligion.

Wir leben in einer Zeit des Übergangs, mitten auf der Grenze zweier sozialer Modelle. Schauen wir in die eine Richtung, dann werden wir einer noch immer erwerbsfixierten Gesellschaft gewahr, die Bürgerrechte und Menschenwürde zum natürlichen Ausfluss der Arbeit erklärt. Je weniger sie dem Anspruch genügt, den sie erhebt, desto verbitterter verficht sie ihn. Wenden wir den Blick, dann stehen uns Auflösungserscheinungen der Lohnarbeitsgesellschaft deutlicher vor Augen als sozial schon gefestigte Formen einer neuen Art, zu arbeiten und zu leben. Die Gesellschaft der Zukunft existiert mehr als Ahnung, als tastender Versuch, denn als greifbare Realität. So wie der Arbeitsapostel die Krise des Alten leugnet, leugnet der Freiheitsapostel die Nöte des Neuen. Jener behängt die Menschen mit Blei, auf dass sie im Alten verharren, dieser beehrt sie mit Luftballons, in der Hoffnung, damit sei die Ausfahrt ins Neue gesichert.

Beide huldigen einer eiligen, naiven Anthropologie. Der Arbeitsfanatiker lässt sich von seinem Pessimismus leiten: Nie wird der Mensch, der Arbeit ledig, auf eigenen Füßen stehen. Der Freiheitsfanatiker verbreitet Optimismus: Vom Arbeitszwang befreit, folgt der sozial aufrechte Gang, folgen Selbstermächtigung und Selbstregierung von ganz allein.

So einseitig und geistig öde wie diese Standpunkte, für sich genommen, so fruchtlos und entbehrlich ist ihr Streit.

23.
Freiheitsbeweise

Wenn es, gezwungenermaßen oder eigenem Entschluss entspringend, nicht mehr die Arbeit, die Stelle, der Beruf sind, die das Leben innerlich zusammenhalten und in seinem Ablauf orientieren, dann muss das Leben, soll es glücken, seinerseits als Aufgabe verstanden werden, als Beruf. Was können, was müssen Menschen leisten, um diese Herausforderung zu bestehen?

Sich selbst der Mühe wert befinden, sich ernst und wichtig nehmen – damit fängt die »Eigenarbeit« an. Und endet auch schon wieder, zeigt man sich allzu ungeduldig. Das Selbstverhältnis, kurzgeschlossen wie im Spiegel, läuft in Narzissmus leer und aus: Ich bin ich; das wusste ich seit je. Wie ich mir auf gehaltvolle Weise begegnen kann, dafür hält die deutsche Sprache treffliche Bilder bereit: »aus sich herausgehen«, »über sich hinausgehen«. Wie aber stellt man das an, sein Ich hinter, unter sich zu lassen? Wie steigt man, wie auf einer Wendeltreppe, auf, um dabei immer wieder auf frühere Stadien seines Selbst hinabzuschauen? Auch darauf erteilt die deutsche Sprache Antwort; das Losungswort heißt »Bildung«.

Sich bilden, in des Wortes universeller Bedeutung, Herz, Muskel, Seele, Nerv und Geist umfassend, erfordert, seine natürliche Mitgift als persönlichen Auftrag anzusehen, als Anlagen, die darauf warten, erweckt, geformt zu werden. Bildungsprozesse, so und eben nicht als bloßer Wissenserwerb aufgefasst, starten Entdeckungsreisen in den je eigenen Mikrokosmos. Ausfahrten ins Große und Weite darin gleich, erfordern sie Ausdauer, den Mut, sich loszulassen, zeitweilige Verirrungen zu ertragen, mancher strandet.

Woran es Menschen, insbesondere heranwachsenden, heutzutage vielfach gebricht, ist dieser Fährmannsgeist. Nationale, kulturelle Grenzen zu überschreiten bereitet ihnen vielfach größeres Vergnügen, als die eigenen Grenzen zu erkunden. Bereits in jungen Jahren in mehr als einer Sprache gut bewandert oder in mehreren leidlich und dann »Globalisierungslegastheniker«, bleibt ihnen der Multikulturalismus des Selbst eine versiegelte Botschaft. Sich in der äußeren Fremde tummeln amüsiert, die innere Fremdheit auszuhalten, aus ihr zurückzufinden in ein stets provisorisches Bündnis meiner selbst mit mir strengt an. Dieses Glück ist nicht lustig.

Es zu erlangen gilt nicht für erstrebenswert, bei jenen am wenigsten, die davon am meisten zu gewinnen hätten – bei den Mitgliedern bildungsferner Schichten. Diese versprechen sich in aller Regel von Bildung wenig, kennen nur *ein* lohnendes Versprechen, das Bildung geben kann: Arbeit. Je unermesslicher die Anstrengung, den ererbten Bildungshorizont zu überschreiten und

»gute« Arbeit zu erobern, scheint, desto matter der Ehrgeiz, desto sicherer der Misserfolg. Was zu befürchten war, tritt ein und bestätigt den kollektiven Fatalismus: Wir waren nicht gemeint.

Ihr wart gemeint, ist darauf zu erwidern, nur anders, als ihr dachtet. Mag sein, dass es im ersten Anlauf nicht gelingt, den Bannkreis sozialer Vererbung zu durchbrechen. Die eurem Aufbruch folgen, werden's vielleicht besser treffen – das bereits könnte Ansporn sein. Vor allem aber fällt euch selbst zu, was ihr erreicht habt, auch wenn am Ende keine Stelle winkt. Man braucht euch ökonomisch nicht, erachtet euch sozial für überflüssig, sei's drum! Ihr braucht euch selbst, müsst, jede(r) Einzelne, mit euch zusammenleben. Das ist die »Arbeit«, die euch aufgetragen ist, die einzige womöglich, falls euch der Schweiß der Lohnarbeit versagt bleibt. Brot sollt ihr dabei nicht entbehren. Genauso wesentlich sind innere Führung, das Gespür für Fährte. Euren einzigen Auftritt auf der Schöpfungsbühne geistesgegenwärtig wahrzunehmen, hilft und ermöglicht euch nur Bildung. Wartet nicht auf bessere Zeiten. Gute Gründe, die Sache zu vertagen – das geistig kümmerliche Elternhaus, die wenig attraktive Schule –, existieren reichlich. Fangt trotzdem an! Beweist euch, wozu ihr jetzt schon fähig seid, wozu ihr fähig wäret, fielen die Hindernisse, eure Talente umfänglich zu entfalten, fort!

24. Wegweisungen

Nur ein pflichtbewusstes Gemeinwesen darf hoffen mit seinen moralischen Appellen beim Einzelnen durchzudringen. Kampf also der sozialen Vererbung materieller wie kultureller Güter, dieses Mittelalters inmitten der Moderne, Kampf für die Aufwertung der pädagogischen Berufe. Jede(r) ist wichtig und die Besten sind gerade gut genug, den kollektiven Nachwuchs als neue Elite zeitig in Empfang zu nehmen, zu fördern, zu unterweisen, zur Mündigkeit heranzubilden, in enger Abstimmung mit seinen Eltern. Exzellenzwettbewerbe, bitte, aber zuerst und mit ganzer Leidenschaft auf den unteren Sprossen des Bildungssystems. Strenge Auswahl bei der Rekrutierung des Personals, auf das sich dort künftig niemand hineindränge, der dazu keine Berufung verspürt. Kampf auch der Betrachtung pädagogischer Berufe als »weicher«, gleichsam femininer Fächer, des schleichenden Auszugs von Männern aus diesen Professionen.

Soll das Unterfangen glücken, müssen Künste und Philosophie, Wissenschaften und Publizistik Exempel des klugen Menschenbildners öffentlichkeitswirksam statuieren. Ein Mehrfaches der heutigen finanziellen Aufwendungen für Kinderkrippen und Kindertagesstätten, für Schulen, an denen alle so lange wie irgend möglich zusammenbleiben und miteinander lernen, versteht sich dann eines Tages vielleicht ebenso von selbst wie die Ganztagsschule als Normalfall öffentlicher Bildung und Erziehung. Einübung ins Lernen, in eigenständiges Denken und Erfinden, das Spaß bereitet, ist selbst kein Spaß; Kampf, füglich, der Spaßgesellschaft, dieser auf jung getrimmten Greisin.

Das alles erreicht, fehlte noch immer das Mittelglied zwischen gesellschaftlicher Pflichterfüllung und persönlicher Pflichtneigung. Die Bereitstellung von Erziehungsangeboten und Kulturgütern für jede und jeden überwindet die verbreitete Distanz zur Bildung nicht im Handstreich. Erfahrungen des Ausschlusses und der Benachteiligung wirken nach, und die Macht der Gewohnheit tut ein Übriges, sie aufrechtzuerhalten. Könnte ein ökonomischer Anreiz, der Bildungsbemühungen belohnt, hier Brücken bauen?

25.
Startkapital ins Leben

Vor einigen Jahren entwickelten die Yale-Professoren Bruce Ackerman und Anne Alstott ihr Modell eines *basic capital*, eines Startkapitals, dazu ersonnen, jedem volljährigen Bürger ein selbstbestimmtes Leben zu ermöglichen. Weitere Kriterien wurden zunächst nicht benannt; insofern handelte es sich um einen bedingungslos zu gewährenden Rechtsanspruch – auf 80 000 $. Der Betrag orientierte sich am US-amerikanischen Bildungssystem und deckte die Kosten für ein vier- bis fünfjähriges Studium an einer der führenden Universitäten. Diese Kopplung des Startkapitals an Bildung ist an sich bezeichnend genug. Waren es noch im frühen zwanzigsten Jahrhundert Broteinheiten, die das »Leben« definierten, so fiel diese Definitionsmacht nach und nach der Bildung zu. Was einstmals steigende Brotpreise auslösten, Unruhen und Erhebungen, besorgen in unseren Breiten seit Längerem unzugängliche oder unerschwingliche Bildungswege.

Dabei äußerte und äußert sich der Protest in Abhängigkeit vom jeweiligen Bildungshintergrund auf sehr verschiedene Weise. Die bildungsbeflissenen Mittelschichten stürmten Universitäten, die sich ihnen verschlossen, besetzen sie gelegentlich noch jetzt, um günstigere Studienbedingungen zu erzwingen. Die bildungsskeptischen Unterschichten zertrümmern »ihre« Schulen und geben sich dadurch nicht minder deutlich zu erkennen – als Gebrandmarkte des Bildungssystems, die man mit falschen Versprechungen anlockt, um sie frühzeitig sortieren und ablegen zu können.

So wie so, als breite Allee oder als Sackgasse betrachtet, schlägt Bildung Funken. Sie ist zum prominenten Objekt gesellschaftlicher Auseinandersetzungen geworden.

Das Startkapital sollte diese Auseinandersetzungen entschärfen. Als man sich näher auf seine absehbaren Wirkungen besann, tauchten Schwierigkeiten auf, derer man sich anfänglich nicht versehen hatte. Zwar war der Kapitalstock auf Bildung orientiert, seiner Höhe wie seiner Bestimmung nach, aber wie jemand damit konkret verfuhr, lag ganz in seinem, in ihrem Willen. Das Geld zu empfangen, genügte es, Bürger und volljährig zu sein. Trafen diese Voraussetzungen zu, konnte man mit der Summe auch ein kleines Unternehmen gründen, auf Reisen gehen, Aktien kaufen oder die Gabe schlicht verjuxen; niemand fragte danach. Wer so handelte und, geschäftsuntüchtig oder unbedacht, sein Kapital verzehrte, um alsbald wieder dazustehen wie zuvor, ökonomisch mittellos, hatte eben seine Chance gehabt und sie verpasst.

Um die Zahl dieser Pechvögel möglichst gering zu halten, verfiel man auf die Idee, die Freiheitsfähigkeit der potenziellen Empfänger einem Test zu unterziehen. Sie sollten Freiheitsbeweise liefern durch ihre schulische Entwicklung, in Form ernsthafter, letztlich erfolgreicher Bildungsbemühungen. Eine abgeschlossene Lehre, ein erfolgreich abgelegtes Abitur galten nun als persönliche Reifezeugnisse, die zum Empfang des Startkapitals berechtigten. Nur wer diese Prüfungen bestand, bot die Gewähr, mit der Zuwendung verständig umzugehen. Gemäß dieser Zusatzklausel unterschied man zwischen einfacher und erweiterter Volljährigkeit. Der Scheck über das Startkapital lief auf den Konten der Anspruchsberechtigten mit vollendetem achtzehntem Lebensjahr ein; die erste Abbuchung erforderte ein Alter von einundzwanzig Jahren.

Wer zu dieser Zeit kein Bildungszertifikat vorweisen konnte, musste sich mit den Zinsen seines Kapitals begnügen; die anderen griffen auf das Ganze zu. Jeder und jede, die, mit dem Almosen nicht zufrieden, einen der geforderten Abschlüsse nachholte, erntete umgehend den Lohn dafür: ein entsperrtes Konto. Der bedingungslose Rechtsanspruch hatte sich inzwischen in einen mehrfach bedingten verwandelt; biologische, soziale und persönliche Reife regelten den Zugang zur finanziellen Grundausstattung.

Können die Befürworter eines bedingungslosen Grundeinkommens diesen Lernschritt ignorieren?

26.
Gebildete Freiheit

Grundeinkommen und Startkapital stehen auf der politischen Agenda, nicht im Gesetzbuch, diese Anwartschaft gleicht sie einander an. Auch in der Absicht, ererbte soziale Ungleichheiten ökonomisch zu korrigieren, möglichst viele Menschen zur Teilhabe am gesellschaftlichen Leben zu befähigen, stimmen die beiden Konzepte überein. Im Konkreten trennen sich die Wege – anfangs.

Das Startkapital folgt der Devise »Alles auf einmal«, das Grundeinkommen dagegen fließt kontinuierlich Zug um Zug; ein Vorzug, wie mir scheint. Menschen lernen, reifen auch nach der erweiterten Volljährigkeit, die Langsicht gewinnt die Oberhand über kurzfristige Wunschregungen, im Überschwang der jungen Jahre begangene Fehler treten als solche ins Bewusstsein; das würde man jetzt gerne besser machen, wieder gut.

Im Modell des *basic capital* ist es dafür meist zu spät. Im Vorteil sehen sich hier allenfalls die Nachzügler, die, zunächst vom vollen Nießbrauch ausgeschlossen, hernach zur Bildung finden und in etwas fortgeschrittenem Alter kluge Kapitalbesitzer werden. Anders beim Grundeinkommen. Auf die gesamte Lebensspanne berechnet, lässt sich mangelnde Umsicht im frühen Erwachsenenalter je und je berichtigen.

Überhaupt ist der Anspruchsberechtigte in diesem Modell weniger als individueller Kapitalist und mehr als Bürger konzipiert, ein zweiter, wesentlicher Unterschied.

Das Startkapital fungiert als einmalige Anweisung auf ein eigenes Leben, das sich idealerweise im Beruf verkörpert; die anspruchsvolle Arbeit, die gute Stelle, heute typischerweise an hohe Qualifikation gebunden, sind seine Zielmarken. Verfehle ich das Ziel, dann bleibt mir nur, mich zu verdingen, irgendwie und irgendwo. Dagegen impliziert das Grundeinkommen das Recht, die Arbeit abzuwählen, heute oder morgen. Das Startkapital präpariert Menschen für den Arbeitsmarkt, das Grundeinkommen setzt den Arbeitsmarkt in Klammern; zwei ökonomische Konzepte, zwei politische Philosophien.

Die Freunde des bedingungslosen Grundeinkommens werden diesen Wesensunterschied genüsslich für ihre Zwecke sprechen lassen und wenig Anlass finden, die Alternative weiter zu bedenken. Das sollten sie jedoch – sofern sie am Erfolg ihres Vorhabens wirklich Interesse zeigen, mehr als nur provozieren wollen.

In seiner revidierten Fassung setzt und vertraut das Startkapital auf persönliche Freiheitsbeweise, auf Bildungsbemühungen; warum darauf beim Grundeinkommen verzichten? Ob ich nun alles auf einmal oder das mir Zustehende Monat für Monat erhalte, mein kulturelles Problem bleibt unverändert. Zeige ich mich der Freiheit gewachsen, bin ich schiffbar auf dem Ozean persönlich verfügbarer Zeit, oder drifte ich auf ihm dahin, den Strömungen und Gezeiten haltlos ausgeliefert?

Spiegelbildlich dazu verhält sich das Problem der Bürger mit Beruf. Imponiert ihnen das Leben, das ich ohne Arbeit führe, lockt es sie vielleicht sogar? Oder vermittele ich ihnen den Eindruck einer vor sich hindösenden Person, die nur äußere Reize aus dem Schlummer wecken? Wenn ich mit mir etwas anzufangen weiß, darf ich mit dem Respekt der anderen rechnen, finden wir gemeinsam gute Gründe für ein Grundeinkommen; umgekehrt, umgekehrt. Und wie anders könnte ich mit mir auf gedeihliche, die anderen überzeugende Weise zusammenleben als dadurch, dass ich diese Lebenskunst studiere?

Glückliche Umstände versetzen mich in eine Familie, in einen Freundeskreis, die meine Bildung zur Freiheit fördern. Ohne dieses Glück liegt meine ganze Hoffnung bei den schulischen Institutionen, mögen diese auch zutiefst verbesserungsbedürftig sein. Verhelfen sie mir zu keiner Lehre, zu keiner guten Arbeit, vermitteln sie mir immerhin Antriebe, Motive für ein eigenes Leben. Vertrödele ich die Zeit, setze ich die Schule ab, woraus ziehe ich dann die Fähigkeit, mich selbst zu leiten, zu regieren? Mit welchem Recht beanspruche ich, volljährig geworden und im Zustand selbstverschuldeter Unmündigkeit, ein Recht auf auskömmliches Leben ohne Arbeit?

27.
Bildung als Rechtsgrund

Verneinbarkeit der Arbeit auf Basis eines auskömmlichen Grundeinkommens überzeugt nur als gebildete Freiheit. Der Freiheitsnachweis kann großzügiger ausfallen als beim Startkapital. Glaubwürdige Bildungsanstrengungen, ein einfacher Schulabschluss genügen; das kann jede Schule jedem Schüler, jeder Schülerin ohne bürokratischen Aufwand attestieren. So weit ist er, ist sie gekommen, mit redlichem Bemühen, vorderhand. Oder eben nicht gekommen. In diesem Fall sieht sich der oder die junge Erwachsene vom ungeschmälerten Genuss des Grundeinkommens ausgeschlossen und mit einem deutlich geringeren Betrag abgefunden, mit einem staatlichen Taschengeld, nach Art und Umfang dem Kindergeld vergleichbar. Die materielle Abhängigkeit von anderen besteht fort.

Die Kränkung ist gewollt, wie auch die Auseinandersetzungen, die sich daran entzünden. Eltern, ältere Geschwister, Freunde werden sich unter diesen Umständen weniger leicht als heute mit dem schulischen Versagen von Menschen aus ihrer Mitte abfinden, sei es auch nur, weil sie materiell dafür in Haftung stehen. Der Zurücksetzung von oben gesellt sich Ärger von unten hinzu, Streit und Hader mit den eigenen Leuten.

Eine doppelte, schmerzhafte Lektion, die, so ist zu hoffen, den Anstoß dazu gibt, Versäumtes nachzuholen, den individuellen Freiheitsbeweis doch noch anzutreten. Geschieht das, auf zweiten oder dritten Bildungswegen, fallen die Beschränkungen, rundet sich das Taschengeld zum Grundeinkommen auf.

So einfach ist das. Und so unverzichtbar, für den Einzelnen, für die Gemeinschaften und für das große Ganze.

Der staatlich zertifizierte Grundeinkommensempfänger, du liebe Güte, da geht die Freiheit auf Krücken. Anmutige Bewegungen, die zur Nachahmung verleiten, sehen anders aus! – Witzelt nur, ihr Lieben, doch bedenkt, in welcher Zeit wir leben und umhergehn. Auf schmalem Grat wandelnd, zur einen Seite das Nicht-Mehr, das Noch-Nicht zur anderen, sollten wir dankbar nach jeder Stütze, nach jedem Balancierstab greifen. Die Mutter der Grazie heißt Übung. Spart euch das Gelächter für den eigenen Fehltritt auf. Wenn euch der Fallwind um die Ohren saust, werdet ihr die Wahrheit wissen!

Um neue Freiheiten *von* der Ökonomie, *vom* Markt gesellschaftlich einüben zu können, persönlich erfolgreich, sozial einvernehmlich, sind ökonomische Anreize unentbehrlich. Im erweiterten Modell des Grundeinkommens übernimmt Bildung diese Anreizfunktion; aus dem bedingungslos gewährten Grundeinkommen wird ein durch Bildung bedingtes.

Diese Bedingtheit bedeutet keine Einschränkung

der persönlichen Freiheit, im Gegenteil. Sie verweist jede und jeden, die sich für ein Grundeinkommen entscheiden, auf die elementare Voraussetzung seines sinnvollen Gebrauchs: auf die je eigene Freiheitsfähigkeit. Von dieser Voraussetzung abzusehen hieße, die schöne Utopie entblättern, ehe sie ihre ganze Verführungskraft entfaltet hat. Auf den Entschluss, geistig unmündig zu bleiben, lässt sich kein Freistaat gründen. Akzeptiert man gebildete Freiheit als unabdingbare Voraussetzung eines allseits akzeptablen Grundeinkommens, müsste man schon ein Narr sein, um die Tür zuzuschlagen, durch die das Grundeinkommen sich den Weg ins Freie bahnt.

Das durch Bildung bedingte Grundeinkommen verstellt den freien Blick aufs Paradies – ein Ärgernis für den Propheten. Es rechnet mit real existierenden Menschen in Zeiten des Übergangs und stimmt die reine Utopie auf die geschichtlichen Gegebenheiten ab. Herauskommt, wie der Philosoph sagt, konkrete Utopie, Tagtraum, Schwellenproblematik. Ist das so ärgerlich?

Der GRUNDSATZ eines zu schließenden Gesellschaftsvertrags gewänne diesen abschließenden Ausdruck:

Wenn sich eine ökonomisch hoch effiziente Gesellschaft außerstande zeigt, auch nur einem Gesellschaftsmitglied, das sein Leben durch »gute« Arbeit begründen möchte, dazu Gelegenheit zu geben, dann erwächst der

Gesellschaft aus diesem »Versagen« die Verpflichtung zum Unterhalt dieses nicht arbeitenden Mitglieds und diesem selbst ein Recht auf Leben, auf Lebensunterhalt.

Praktische Wirksamkeit gewinnen jene Verpflichtung und dieses Recht innerhalb eines möglichst umfassenden Bündnisses von Staaten, die dafür ökonomisch reif genug sind.

Der Gesellschaftsvertrag wird zum Zwecke einer sozial erfüllten Daseinsführung sowie in der ausdrücklichen Absicht geschlossen, die moralische Selbstbestimmung des Individuums zu stärken und das kulturelle Klima von Neid- und Hassgefühlen zu entgiften.

Konkret verwirklicht sich das Recht auf arbeitsfreien Lebensunterhalt in Form eines auskömmlichen Grundeinkommens. Es wird jedem erwachsenen Bürger unter der Bedingung glaubwürdiger und beglaubigter Bildungsanstrengungen gewährt.

Diese Einschränkung ist der persönlichen Freiheit förderlich und um ihretwillen unverzichtbar.

28.
Womit anfangen?

Vom Prinzip zur Praxis, das ist der Gang dieser Betrachtungen. »Praxis« meint zuallererst Gewohnheit, Üblichkeit, Beharrungswillen. Das gilt auch und in Bezug auf unsere Fragestellung ganz ausdrücklich für Gesellschaften, die auf kapitalistischer Produktionsweise beruhen. Zwar zeichnen sie sich durch die beständige Revolutionierung der Produktionsmethoden, der Arbeitsweise aus und fegen alle Anschauungen, alle Verhaltensweisen hinweg, die sich dem entgegenstellen. An einem Pfeiler lassen sie jedoch nicht rütteln: an der Arbeit als Quintessenz des Menschseins. Über das Jenseits mag jede und jeder denken, wie sie mögen, da herrscht Gedankenfreiheit. Hienieden regiert das Dogma. Innerweltlich Erlösung verspricht nur Lohnarbeit im Dienst des Kapitals. Wer nicht arbeitet, soll, zur Erinnerung an seine Sünde, zumindest kärglich essen. So denken die Arbeitsherren, so denkt, weit überwiegend, auch das Arbeitsvolk. Wie also dieses Dogma sprengen, wie in den Übergang hineingelangen? Wie verknüpft man die Prinzipien einer neuen Art zu leben mit dem, »was ist«, mit den real existierenden Normen und Institutionen?

Jede wirtschaftlich fortgeschrittene Gesellschaft der

Gegenwart respektiert Ausnahmen von der Arbeitspflicht. Menschen mit schwerwiegenden körperlichen oder geistigen Handicaps sind frei davon. Arbeitsfähige Personen, die ihre Arbeit verlieren oder nach ihrer Ausbildung keine Arbeit finden, erhalten Unterstützung – auf Zeit und unter der Maßgabe ernsthafter Anstrengungen, sich »wiedereinzugliedern«. Krankheiten und Arbeitsunfälle suspendieren die Betreffenden vom Arbeitsvollzug; die Versicherung springt ein. Das System dieser Aus- und Beihilfen gestaltet sich von Nation zu Nation recht unterschiedlich; mancherorts zu einem tiefgestaffelten Ensemble sozialstaatlicher Daseinsvorsorge ausgebaut, beschränkt es sich anderswo auf Notfälle und Sorgenkinder. All diesen Vorkehrungen gegen das Elend gemeinsam ist deren Anbindung an die Arbeitsbereitschaft ihrer Nutznießer; da gibt es keinen Pardon.

Solchen Pardon einzuräumen ist der vornehmste Sinn der neuen Freiheit. Sie durchzusetzen, nicht als solche, sondern im Kompromiss mit den obwaltenden Verhältnissen, bedarf es im ersten Anlauf »nur« einer Korrektur: Die Unterscheidung zwischen arbeitsfähigen und arbeitsunfähigen Arbeitslosen muss fallen.

Mit der Gleichstellung und Gleichbehandlung beider Kategorien löst sich die Arbeitslosigkeit in einem Zug vom trüben Privileg des Handicaps sowie vom bösen Willen. Jeder Arbeitslose, gleich welcher Sorte, wird als Mensch gesehen – als Mensch, der Arbeit ledig, nicht jedoch des Magens. Aus dem Vorwurf wird ein Faktum, und dieses Faktum führt direkt zum Essen, ohne weitere Einlassung. Der »Schnüffelsozialstaat«, seinen Funktionären meist ebenso zuwider wie seinen Opfern, dankt ab – wer wollte ihn betrauern? Das in die hochnotpeinliche Bedrängung und Beschämung arbeitslosen Lebens investierte Geld wird eingespart, zum Nutzen jener, die davon entbunden werden, fremde Betten, fremde Schränke auszuspähen.

Die Emanzipation des Menschen, des Bürgers vom Arbeiter beginnt mit dem Fortfall der systematischen Erniedrigung aller für arbeitsfähig erklärten, de facto als arbeitsscheu behandelten Arbeitslosen. Am Umfang der Zuwendungen ändert sich dadurch erst einmal nichts. Hierin großzügiger zu verfahren als gegenwärtig, der Forderung umfassender gesellschaftlicher Teilhabe entsprechend, bedarf es außer einer prosperierenden Wirtschaft der Zustimmung der arbeitenden Mehrheit. Diese zu gewinnen, dazu kann, wie sich ergeben hat, die nicht arbeitende Minderheit einiges von sich aus leisten. Staatliche Institutionen, auf das Ziel vereidigt, Menschen ohne Arbeit zur Selbstbestimmung zu ermuntern, stehen dabei Pate.

Sollten dabei Pate stehen. Die administrative Logik des heutigen Sozialstaates weist trotz gegenteiliger Versicherungen in eine andere Richtung.

29.
Jeder sein eigener Fall

Dem äußeren Anschein nach hat die Risikovorsorge im Wohlfahrtsstaat gründlich und ein für alle Mal mit der vormundschaftlichen Praxis früherer Jahrhunderte gebrochen und alle Spuren getilgt, die an die alte Seuchenpolizei erinnern könnten. Sie gibt sich rechtschaffen, diskret und hilfsbereit. Aber man täusche sich nicht: Die Asymmetrien zwischen dem, der gibt, und jenem, der empfängt, sind ungebrochen. Einstmals verlor der Bedürftige sein Recht auf Unterhalt, sofern er über eigene Existenzquellen verfügte oder den Ort verließ, dem er gehörte. Folgerichtig blieb er, wo er war, und übte sich in demonstrativen Gebärden der Bescheidenheit, ja der Verelendung. Diese soziale Gebärdensprache muss der arbeitsfähige Arme im heutigen Deutschland immer noch beherrschen lernen. Die Sesshaftigkeit wird man ihm indessen ausgetrieben haben. Weigert er sich, wie ein notorisch Heimatloser der Arbeit hinterherzuziehen, büßt er die Unterstützung ein. So wie die Armen früher der Gemeinde, dem Sprengel angehörten, unentrinnbar, so gehören die heutigen Arbeitslosen dem Arbeitsmarkt: mobil gemachte Gefangene, Hörige am Laufband. Das soziale Bürgerrecht trägt einen Knüppel im Tornister.

Der fährt nach zeitweise zögerlichem Einsatz nun wieder munter aus dem Sack. Mit der Zwangsbewirtschaftung brachliegender Arbeit durch verschärfte Arbeitsmarktgesetze werden nicht nur bislang als unwürdig angesehene Formen der Lohnarbeit rehabilitiert. Wieder in die Uniform des Arbeiters gesteckt, kommt der Bürger als vollwertiges Mitglied der Gesellschaft nur in Betracht, sofern er irgendeine Funktion des gesellschaftlichen Gesamtarbeiters vollzieht, und sei es eine ökonomisch überflüssige. Der Nachmittag des Wohlfahrtsstaates ist angebrochen.

Er schreitet im Zusammenhang mit einer weiteren Herausforderung voran, der sich die »bürgerliche« Form der Lohnarbeit seit Jahren gegenübersieht. Die sozialen Garantien, auf denen sie gründet, sind an Erwerbsarbeit gebundene Rechtsansprüche, und dieser ultimative Grund aller Gründe – die Arbeit – geriet spätestens seit Anfang der 1970er-Jahre heftig ins Wanken, und es war nicht die Massenarbeitslosigkeit allein, die das Fundament erschütterte. Die Arbeitsverhältnisse selbst wurden technisch und organisatorisch umgewälzt, flexibilisiert und individualisiert, weltweitem Konkurrenzdruck ausgesetzt, prekär, verwundbar, dies wiederum in sehr verschiedenem Maße je nach Sparte, Anforderungsprofil, Qualifikationsgrad.

Dieselbe Entwicklung vollzog sich auf der Ebene der Konsumtions- und Lebensstile, die sich merklich weiter auffächerten als in der vorhergehenden Ära. An die Stelle homogener sozialer Milieus traten auch hier gruppenspezifische und individualistische Verhaltensweisen. Existenzielle Risiken, die früher gleichmäßig auf große soziale Gruppen, ganze Klassen verteilt und dementsprechend einheitlich, schematisch zu behandeln waren, variierten jetzt von Fraktion zu Fraktion, von einem Individuum zum anderen. Der arbeitslos gewordene Angelernte repräsentierte einen anderen Sozialfall als der *Working Poor*, der sich wieder vom stellungslosen Akademiker unterschied, erst recht vom Manager, dessen Funktion infolge einer Unternehmensfusion entfiel.

Diese parallelen Prozesse untergruben die Geschäftsgrundlage des alten Sozialstaats, seine Funktionsgewissheit. Das alte Regime ruhte auf einer Welt weitgehend einförmiger Arbeits- und Lebensweisen, standardisierter Fertigungsprozesse, großer Serien, uniformen Konsums, auf großkollektiven Risiken, deren Mittelwerte etwas Reales bezeichneten: die Lebensnöte von Mehrheiten. Und genau hier, an der zunehmenden Ungreifbarkeit von Mittelwerten, Durchschnitten, Statistiken setzte die vorerst letzte Metamorphose des Sozialstaats an.

30.
Der »persönliche« Staat

Der Sozialstaat, den wir kannten, verfuhr nach der Maxime: *sine ira et studio*, ohne Hass und Leidenschaft, vor allem: ohne Ansehen der Person. Der Sozialstaat, der uns hinfort begleiten soll, verfährt umgekehrt, richtet seine Aufmerksamkeit auf kleine soziale Gruppen, letztlich auf den einzelnen Bedürftigen. Er nimmt es wieder persönlich und ist von der Leidenschaft besessen, dem je spezifischen Fall als solchem nachzugehen, jedem das Seine zuzumessen und zuzumuten – die individuelle Fiberkurve statt des kollektiven Status.

So wie das Arbeitsverhältnis, das neuerlich als persönlicher Kontrakt zwischen Arbeitgeber und Arbeitnehmer definiert wird, verwirklicht sich die staatliche Risikovorsorge idealerweise als Abkommen zwischen »Fallmanager« und »Klient«. (Schon das Wort Klient führt in die Irre; der Modeausdruck »Kunde« verfälscht die Dinge schamlos: wo war der Kunde jemals weniger König als auf dem Arbeitsamt?)

Unser westlicher Nachbar, Frankreich, ging bereits 1988 zur neuen Praxis über und band den Bezug von Sozialleistungen an »Wiedereingliederungsverträge«, die den Leistungsempfänger zur Umsetzung eines detaillierten, auf genau seine Problematik zugeschnittenen Maßnahmenkatalogs verpflichtete. Gleichzeitig entwickelte man ein Quartiersmanagement für städtische Konfliktzonen, das demselben Grundsatz folgte: lokale Lösungen für lokale Schwierigkeiten, je nach Situation. Die Sozial- und Stadtentwicklungspolitik hierzulande vollzog diese Entwicklungen nur verspätet nach.

Die Absichten des neuen Rasters liegen so offen zutage wie die darin steckenden Versuchungen. Die neuen Verfahren bezwecken, den Konsum automatischer, an keine Bedingungen geknüpfter Sozialleistungen durch eine Marktmobilisierung der Leistungsbezieher zu ersetzen. Aktivierende Sozialhilfe anstelle des Sich-Einrichtens anonymer Massen in passivem Wohlstand; Identifizierung der »wirklich« Bedürftigen, Konzentration aller Mittel auf sie statt »Abspeisung« uniformer Gruppen, unter die »Scheinbedürftige« sich ohne Angst, erkannt zu werden, mischen können; Abkehr von der Regelvorsorge bei gleichzeitiger Hinwendung zu kleinen, überschaubaren Einheiten, letztlich zum einzelnen Menschen selbst.

Verlockend, wie diese Strategie erscheint, zielgenau und sparsam, fällt es ihr gleichwohl schwer, das rechte Maß zu halten. Um den Einzelnen tatsächlich in seiner Eigenart erfassen und aktivieren zu können, muss sich der Staat weit zu ihm hinunterbeugen und an dem Interesse zeigen, was den Einzelnen zum Einzelnen erst macht: an seiner Herkunft, seiner Vorgeschichte, seinen finanziellen Verhältnissen, seinen Ersparnissen, besonders den versteckten, seinen Versicherungspolicen, sachlichen Vermögenswerten, an seinen deklarierten, mehr noch seinen wirklichen Privatverhältnissen (Wer lebt mit wem auf welchem Fuß und könnte für ihn sorgen?), an seinen Handicaps, gesundheitlichen wie moralischen, die seiner »Wiedereingliederung« im Wege stehen, an seinem Bildungsstand, seinen ganz persönlichen Dispositionen.

Diese peinliche Prüfung, die bisher, obschon in geringerem Umfang, den Sozialhilfeempfängern zuteilwurde, erfuhr durch die jüngste deutsche Sozialgesetzgebung eine erhebliche Ausweitung; nun unterliegt jeder, der das Arbeitslosengeld II beansprucht, der heiklen Prozedur.

31.
Das nützliche Individuum

Im Zentrum des neuen Sozialstaats haust die durchaus schwarze Utopie eines kolossalen, prinzipiell unabschließbaren Dossiers über jeden einzelnen Bürger, der sich sozial berechtigt wähnt, von dem auch nur hypothetisch zu befürchten wäre, er könnte eines Tages zum Antragsteller werden.

Die beiden Grundfunktionen des modernen Staates, bürgerliche Sicherheit und allgemeine Wohlfahrt, bilden von Anfang an ein spannungsvolles Paar. Die Entwicklungsgeschichte des voll entwickelten Sozialstaats ging mit dem Auf- und Ausbau weit ausgreifender und wissensdurstiger Verwaltungen einher, die vor der Privatsphäre der Bürger, namentlich der ärmeren, nicht zurückschreckten und gerade dadurch in Konflikt mit deren Sicherheitsbedürfnis gerieten – sicher vor dem Zugriff des *Staates* zu sein und ihre verbrieften Freiheiten ungestört genießen zu können.

Der flexible und individualisierte Staat unserer Tage schickt sich an, noch weit tiefer und sorgloser in die privaten Lebensbezirke vorzudringen, als die verlängerten Organe des bürokratischen Sozialstaats das besorgten. Die vorgebliche Entstaatlichung, Entbürokratisierung des Sozialstaats ist vielfach nur die Maske, hinter der sich das »anschmiegsame«, infinitesimale, allgegenwärtige Sozialmanagement der Zukunft auf seine Herrschaft vorbereitet. Von der Idee begeistert, mit der Gesellschaft zu verschmelzen, eifert er den Kartographen aus Jorge Luis Borges' Erzählung »Von der Strenge der Wissenschaft« nach:

»In jenem Reich erlangte die Kunst der Kartographie eine solche Vollkommenheit, dass die Karte einer einzigen Provinz den Raum einer Stadt einnahm und die Karte des Reichs den einer Provinz. Mit der Zeit befriedigten diese maßlosen Karten nicht länger, und die Kollegs der Kartographen erstellten eine Karte des Reichs, die die Größe des Reichs besaß und sich mit ihm in jedem Punkt deckte. Die nachfolgenden Geschlechter, die dem Studium der Kartographie nicht mehr so ergeben waren, waren der Ansicht, diese ausgedehnte Karte sei unnütz, und überließen sie, nicht ohne Verstoß gegen die Pietät, den Unbilden der Sonne und dem Winter. In den Wüsten des Westens überdauern zerstückelte Ruinen der Karte, behaust von Tieren und von Bettlern; im ganzen Land gibt es keine anderen Überreste der geographischen Lehrwissenschaften.«

Das ist die Nemesis, die auf die Hybris folgt.

Die Unwägbarkeiten des »persönlichen« Staates überwiegen seinen möglichen Nutzen, und es verwundert sehr, dass die Wortführer des politischen Liberalismus sich hierzu nicht vernehmlich äußern. Auf die Freiheit des Eigentums fixiert, finden sie, so scheint es, nicht die Zeit, die Freiheit des bedürftigen Lebens zu verteidigen.

Der ganze Irrtum der »Wiedereingliederungsphilosophie« konzentriert sich in dem Dogma, dass nur jener Mensch ein »ordentliches« Mitglied der Gesellschaft ist, der Arbeit leistet, abhängig oder selbstständig. Nur unter dieser Voraussetzung stiftet die wiederkehrende Personalisierung der sozialen Frage Sinn. Sie zielt auf die Wiederherstellung des ökonomisch nützlichen Individuums und muss daher alles, was der wirtschaftlichen Verwertbarkeit des Einzelnen irgend zustatten kommen kann, genauestens eruieren.

Verwirft man diese Absicht, löst man sich von der letzten, säkularisierten Religion der Gegenwart, der Arbeitsreligion, fällt der »persönliche« Staat im Nu in nichts zusammen. Dann gilt jeder Mensch als in die Gesellschaft eingegliedert, der mit seinem Leben etwas anzufangen, der sich zu orientieren und zu motivieren weiß, auch ohne Arbeit. Ehrgeiz und Erkenntnisdrang der Behörden fänden ihre Grenze in dem Bemühen, Menschen, die der ökonomische Prozess aussortiert, zeitweise oder dauerhaft, zu einem sozial aktiven Leben zu befähigen, sofern sie das von sich aus nicht vermögen. Nicht Arbeitsaktivierung wäre das Schlüsselwort, sondern kulturelle Aktivierung, auf Basis eines Grundeinkommens und ergänzt durch zielgerichtete Ermutigung.

32.
Recht und Würde der Person

Die einzig angemessene Replik auf die Krise der Erwerbsarbeitsgesellschaft, der »guten« Arbeit, die ein eigenes Leben in Würde gründet, besteht darin, die sozialen Rechte vom Beschäftigungsverhältnis abzulösen und auf die *Person* des Arbeitnehmers zu übertragen. An die Stelle der alten Forderung nach einem Recht auf Arbeit tritt die Forderung nach einem Recht auf Leben, auf Lebensunterhalt für jedermann und jede Frau ohne erniedrigende Offenbarungseide.

Als Geburtshelfer dieses erweiterten Rechtsverständnisses ist der Staat vonnöten. Der Staat als Kartograph der Gesellschaft, der jede Einzelheit verzeichnet, ist mehr als nur entbehrlich; er ist der bürgerlichen Freiheit entschieden abträglich.

Und restlos überfordert.

Das Sozialgericht in Saarbrücken gab kürzlich »der Klage eines Arbeitslosen gegen die Anrechnung des Verdienstes seiner Partnerin auf sein Arbeitslosengeld II statt. Obwohl die beiden seit 27 Jahren in einer Wohnung lebten, bildeten sie keine Bedarfsgemeinschaft, entschied das Gericht. Entgegen der gängigen Praxis müsse bei einem Antrag auf das ALG II nicht der Antragsteller beweisen, dass er nicht in einer eheähnlichen Gemeinschaft lebe. Vielmehr müsse die Behörde nachweisen, dass eine solche Gemeinschaft bestehe.«

Wie anders könnte dieser Nachweis geführt werden als durch eine staatliche Dauerbelagerung der Privatsphäre, bewerkstelligt, wer weiß, durch Minijobber, die in behördlichem Auftrag nach dem Rechten sehen!

Bewahre uns unser Freiheitssinn vor Gerichten, die solche Urteile fällen, um das Schlimmste zu verhindern und dabei doch nur weiteres Unheil stiften können!

Bewahre uns die Vernunft vor Regierenden, die solche Konsequenzen erst heraufbeschwören!

33.
Die Stärken stärken

Nicht *dass* der Staat, seine Behörden, den Einzelnen »umgarnen« ist das Problem, sondern *wie* sie es tun. Über allen Maßnahmen und Angeboten schwebt das Schwert des Arbeitszwangs. Der sozial aktive Mensch ist der arbeitende Mensch, und wenn es keine richtige Arbeit für ihn gibt, tut er gefälligst so, als ob – dann kennen und anerkennen ihn die Ämter wieder. Oder er schützt Hindernisse vor, Gebrechen, Schwächen, Kümmernisse, und zwar gekonnt, sodass sie – vielleicht – Milde walten lassen. Entweder »freiwilliger« Arbeitsstrafvollzug als Beweis persönlichen Resozialisierungswillens oder Artistik des Handicaps mit nachfolgender Abmeldung aus den Karteien – in dieser armseligen Alternative liegt die ganze Intelligenz des »aktivierenden« Staats mehr begraben als beschlossen. Schwer zu entscheiden, was verwerflicher, was schädlicher ist, Arbeit als Verhängnis oder, um dem vorzubeugen, Verabschiedung aus den Reihen der »Gesunden« und »Kräftigen«.

Vermutlich Letzteres.

Die Kaschierung der eigenen Fähigkeiten bildet die Voraussetzung eines informellen Kompromisses zwischen Bittsteller und Behörde. Rechne ich mich systematisch klein, verleugne ich all mein Wissen und mein Können und erkläre mich wortreich für in jeder Hinsicht unzuständig, dann unterbreite ich der Amtsperson das willkommene Angebot, mich aus ihrem Zuständigkeitsbereich abzuschieben, anderen Ressorts zuzuweisen. Durchstöbert sie, zum wiederholten Mal, um Arbeitsauskünfte verlegen, ihre Falldatei, wird sie mir für den Vorschlag dankbar sein; ihr goldener Handschlag entlässt mich in den Dauerkrankenstand der Sorgenkinder.

So geschieht es, tagtäglich, in großem Stil, zigtausendfach. In der Arbeitsreligion befangen, produziert der »aktivierende« Sozialstaat in der Praxis Kaderleichen über Kaderleichen. Unter tätiger Mithilfe formt sich hinter seinem Rücken eine Gesellschaft der Invaliden.

Streicht man das Dogma – Aktivierung ja, doch nur für Arbeitszwecke –, sieht alles sofort anders aus; der Antragsteller durchläuft in Windeseile die Metamorphose zur Person mit Eigenschaften. Andere Anschauung, andere Fragen: Was könnten Sie, geehrter Herr, geehrte Dame, sich denken, künftig mit ihrem Leben anzustellen? Andere Fragen, anders motivierter Kompromiss: Sie wollen sich auf diesem oder jenem Feld versuchen, gut, wir wagen den Versuch auch unsererseits, zeigen Ihnen Wege, öffnen Türen, begleichen, sofern nötig, Kosten. Schlägt die Probe fehl, fahnden wir gemeinsam nach weiteren Ansatzpunkten für ein erfülltes Dasein. Anderes Bündnis, andere Aktivierung. Statt den Einzelnen in endlose Maßnahmeschleifen mit nur allzu gewissem Ausgang zu schicken, setzt der freiheitliche Sozialstaat auf gezielte Erkundungen mit offenem Ausgang. Er schätzt und fördert menschliche Vermögen rein als solche, mögen sie die Anforderungsprofile des Marktes bedienen oder nicht.

Dagegen rechtfertigt das Aktivierungskonzept des »persönlichen« Sozialstaats den Spott, der seit geraumer Zeit darauf herniederfährt.

34.
Wahnsinn als Methode

England in zeitlich unbestimmter Zukunft – ein Land, das allen Menschen Arbeit gibt, auf Grundlage eines nationalen Plans. Die Idee, die er verwirklicht, ist bestechend einfach: ein Fuhrpark von Lieferwagen, sogenannten UniVans. Die fahren auf eigens für sie angelegten Spuren durch Stadt und Landschaft, von einem Depot zum nächsten und zurück zum Heimathafen. Zu transportieren gibt es nichts, außer Ersatzteilen – wiederum für UniVans. Der Arbeitstag ist streng geregelt. Die Besatzungen der Lieferwagen erhalten zu Arbeitsbeginn eine Liste, die alle Depots verzeichnet, die anzusteuern, zu einer genau festgelegten Zeit, die Besatzungen verpflichtet sind. Verspätungen, angesichts der von anderen Vans verstopften Fahrwege schwerlich zu vermeiden, quittieren die Depotleiter mit ärgerlicher Miene. Wer pünktlich eintrifft, geht in die Kantine und spielt dort, bei einem Kaffee, mit anderen Kollegen eine Weile Karten; dann ruft das nächste Ziel. Hier und da weicht man von der vorgegebenen Route ab, um Privates zu erledigen. Zum Feierabend wieder rechtzeitig im Stammdepot einzulaufen oder, bei flüssigem Verkehr, ein wenig früher, ist der ganze Ehrgeiz des staatlich subventionierten Personals. Fünfzehn Minuten vor der Zeit ist die rechte Pünktlichkeit – für einen Teil der fahrenden Zunft.

Andere kritisieren diesen Schlendrian und beenden ihr Tageswerk mit demonstrativer Geste exakt auf die Minute. Eine dritte Gruppe, weniger dienstbeflissen als diese, weniger lax als jene, stellt ihre eigene Regel auf und spart sich fünf Minuten regulärer Arbeitszeit. Über diese unterschiedlichen Pflichtbegriffe kommt es zur offenen Auseinandersetzung. Als die Fraktion der »Faulen« ein Recht auf früheren Dienstschluss fordert und dafür in den Streik tritt, zerbricht die Solidarität der UniVan-Gemeinschaft. Die Mehrheitsgesellschaft, mit dem kostspieligen Vollbeschäftigungsprogramm seit Längerem unzufrieden, verliert die Geduld und begehrt auf. Der große Plan wird aufgegeben.

Deutschland in einigen Jahren. Hier kreuzen Reisebusse durch das Land. Sie tragen die Aufschrift der staatlichen Arbeitsagentur der Zukunft. Ihre Fahrgäste, lauter Arbeitslose, von der Behörde sorgsam dazu ausgewählt, Weiterbildungskurse in speziell dafür eingerichteten Schulungsheimen, fern von ihrem Wohnort, zu durchlaufen. Das Zertifikat, das den Lehrgangsbesuch krönt, weist die Schüler als professionelle Jobsucher aus, als Elite der Arbeitslosen. Auf dem Lehrplan steht, in immer neuen Abwandlungen, ein und dasselbe Thema: Wie ergattere ich eine Stelle, bedenkenloser und vor allem früher als alle anderen. Stellenangebote lesen nur die Dummen. Der umfassend geschulte Arbeitslose ist ein Nekrophiler. Er durchstöbert die Zeitungen, bis er auf Todesanzeigen stößt, in denen veritable Firmen hingeschiedene Mitarbeiter rühmen. Sogleich greift er zum Telefon, beklagt den Personalchef für den schmerzlichen Verlust und bietet, mit Trauer in der Stimme, seine Dienste an. Mehr als Kosmetik der Arbeitslosenstatistik vermögen diese ausgeklügelten Methoden bedauerlicherweise nicht zu leisten.

Um den Bewerbungseifer der Kursanten trotz der im Ganzen trüben Aussicht anzustacheln, wirbt die Arbeitsagentur von Zeit zu Zeit mit festen Stellen – für Trainer in den Schulungsheimen. Pro Heim und Lehrgang fällt dabei höchstens eine Stelle ab; entsprechend heftig, unversöhnlich verläuft der Wettbewerb. Der Sieger wird am Abschlusstag gekürt, die anderen reisen als diplomierte Stellensucher ab und nicht nach Hause.

Busse fahren sie direkt zum nächsten Airport. Die Arbeitsagentur belohnt sie mit einem Flugticket nach Afrika; Urlaubsende unbestimmt. Werden die Reisenden je nach Deutschland zurückkehren? Oder verfrachtet man sie jählings ins Exil? Massendeportation als letzte staatliche Auskunft zur Vollbeschäftigung?

Aktivierung für den Arbeitsmarkt als Farce, einmal auf englisch (Magnus Mills, The Scheme for Full Employment), einmal auf deutsch (Joachim Zelter, Schule der Arbeitslosen).

35.
Sozialstaat, »tiefer gelegt«

Der Staat befindet sich auf dem Rückzug; das kann zweierlei bedeuten. Erstens Staatsversagen, Preisgabe sozialer Sicherungsfunktionen unter dem Druck der Globalisierung. Dieser Druck existiert, ist kein Hirngespinst. Die weltumspannende Marktvergesellschaftung untergräbt die Souveränität der Nationalstaaten. Statt vom Gesetzgeber sozial in seine Grenzen verwiesen zu werden, zeigt das Kapital dem Einzelstaat die Grenzen seines Handelns auf. Den Angriff abzufangen verlangt die Übertragung politischer Entscheidungskompetenzen auf eine höhere Ebene, nationalen Souveränitätsverzicht.

Dieser Prozess ist unterwegs. Internationale Währungs- und Entwicklungsfonds bündeln ökonomische Reserven, Zivil-, Straf- und Völkerrechtsprozesse finden vor überstaatlichen Gerichtshöfen statt, politische Organisationen wie die UNO und Militärbündnisse wie die NATO treten aus dem Schatten des Kalten Krieges und verschreiben sich, von Alleingängen der verbliebenen Supermacht dabei immer wieder aufgehalten, der Eindämmung inner- und zwischenstaatlicher Konflikte; globale Umweltprotokolle, Moratorien zur Einhegung von Massenvernichtungspotentialen verkörpern überfällige, bescheidene, nichtsdestoweniger zu notierende Fortschritte auf dem Weg zu einer friedvolleren Menschheit.

Anders auf dem weiten Feld des Sozialen. Hier sucht man selbst Keimzellen einer globalen staatlichen Autorität vergebens. Hier konkurrieren sich, in Ermangelung ernsthafter Versuche, soziale Grundrechte kosmopolitisch durchzusetzen, die Staaten wie zur Zeit der Fürstentümer gegenseitig aus; politischer Selbstmord aus Feigheit vor dem Tod.

Diese Selbsthemmung, Selbstverstümmelung des Souveräns wird ökonomisch legitimiert – Globalisierung als Naturereignis – und ideologisch flankiert. »Entbürokratisierung staatlichen Handelns«, »Entstaatlichung des Sozialen« heißen die populären Slogans, die bis weit hinein in die Gesellschaft wirken. Kaum jemand, der längere Zeit in entscheidungsrelevanten Funktionen des öffentlichen Dienstes tätig oder diesem als Bittsteller unterworfen war, der frei von der Versuchung wäre, nicht hin und wieder vom »schlanken« Staat zu träumen, von der Befreiung der Gesellschaft aus staatlicher Umklammerung.

Diesem geläufigen Unbehagen einen Weg zu weisen, der tatsächlich zu mehr persönlicher und gemeinschaftlicher Freiheit führt, ist eine Aufgabe, deren Lösung vor uns liegt. Staatskritik jenseits von Marktdogmatik, darum geht es.

Das auskömmliche Grundeinkommen ebnet diesen Weg. Seine Einführung verschlankt den Sozialstaat und verhindert zugleich die Unterwerfung der Menschen unter Marktdiktate. Sofern und solange der soziale Status der Individuen, ihre gesellschaftliche Anerkennung an Arbeit haften, ist das Arbeitsleben der bevorzugte Angriffspunkt staatlicher Interventionen. Arbeits- und Vertragsrecht, Kündigungsschutz, Abfindungen im Kündigungsfall, Altersgrenzen, Renten- und Pensionsansprüche und vieles andere unterliegen minutiöser Regelung.

Bringen dagegen jeder und jede ihren unangefochtenen sozialen Status als Bürger unter Bürgern schon mit auf die Welt, reduziert sich der Aufwand der Staatstätigkeit spektakulär.

Da Arbeit, weil absetzbar, zwanglos vonstattengeht, kann es den Behörden herzlich gleichgültig sein, wer wo, wie lange und zu welchen finanziellen Konditionen arbeitet. Wer seine Arbeit verliert oder seine Stelle aus Altersgründen aufgibt, bezieht das Grundeinkommen; wer Einkünfte aus Arbeit oder anderen Quellen für später aufspart, hat dementsprechend mehr. Wem bislang die Kontrolle des »beschädigten« Lebens oder die Aufsicht über großkollektive Versicherungssysteme (mit Ausnahme der Krankenversicherung) oblag, kann sich jetzt lohnenderen Beschäftigungen widmen. Die entsprechenden Behörden schließen entweder oder fusionieren, immens geschrumpft, zu kompakten Kernen, die die Stärken stärken.

Avanciert das Grundeinkommen zur hauptsächlichen Form des Sozialeigentums, konzentriert sich die staatliche Daseinsvorsorge auf das seit jeher schon Wesentliche, nur vom Kontrollgestrüpp Verdeckte: auf eine Partnerschaft der Fähigkeiten; ein Staatsrückzug im Dienst der Freiheit. Institutionell gerafft, wird die Daseinsvorsorge, um einen Ausdruck aus der Automobilbranche aufzunehmen, zugleich »tiefer gelegt«, vom Arbeitsvollzug abgelöst und am auskömmlichen Leben ausgerichtet; was der Arbeiter verliert, gewinnt der Bürger, der er auch ist. Das Individuum wird rechtlich »aufgerüstet«, sozial satisfaktionsfähig; der Arbeitsvertrag, den es gegebenenfalls schließt, ratifiziert Aushandlungsprozesse zweier souveräner Partner. Individualisierungsgewinne – ein Angebot ablehnen zu können – und Individualisierungsrisiken – selbst abgelehnt zu werden – verteilen sich gleichmäßiger auf die ökonomischen Parteien; die Individualisierung erreicht ihre radikaldemokratische Phase.

36.
Liberales Freiheitsverständnis? Was sonst?

»Der ganze Sinn von Politik ist Freiheit.« Ja und Amen! Diese finale Zweckbestimmung politischen Handelns wäre wohl längst Gemeingut, hätte die jüngere Geschichte sie nicht auf paradoxe Art verdunkelt. Als die Bevölkerungen Ost-Mitteleuropas 1989 gegen die autokratischen Regime ihrer Länder aufbegehrten und nach kurzem Ringen triumphierten, schien die Zeit reif, um auch die teils recht umfänglichen Relikte des vormundschaftlichen Staats im Westen aufzulösen. Dazu kam es nicht. Um die Staatskritik weiter voranzutreiben, hätte es einer Atempause zum Einsammeln der Früchte der Freiheitsbewegungen bedurft, zum Innehalten, zu eingehender Prüfung: Welche Staatsfunktionen dienten und dienen einzig oder vorwiegend der Gängelung der Bürger, welche sind und bleiben für ein gedeihliches Zusammenleben unverzichtbar? Wo kreist der Staat in sich, wo rahmt er Lebensläufe sinnvoll, vermittelt unverzichtbar zwischen widersprechenden Interessen?

Dass eine solche Atempause ausblieb, dafür lieferte der 1989er Umbruch selbst den Anstoß, ganz ungewollt. Die Entgrenzung der Welt, die er bewirkte, schuf einen homogenen Aktionsraum, in den mit aller

Macht das Kapital stieß. Was als politische Vergemeinschaftung der Völker, der Nationen, auf den Weg gebracht war, realisierte sich einstweilen als ökonomische Internationale der Investoren. Die neoliberale Staatsfeindschaft, seit den frühen 1980er-Jahren auf dem Vormarsch, besetzte den Platz der Staatskritik, griff auf den Osten über und lebte sich dort ungezügelt aus. Sie statuierte Exempel der »reinen Lehre«, die einige Nationen bis vor den Abgrund führte, deren ebenso brutale wie dürftige Offenbarung den noch zögerlichen Regierungen des Westens gehörig in den Ohren klang: Ihr sollt nicht Zeugnis ablegen gegen den Geist der freien Marktwirtschaft!

Sie vernahmen die Botschaft und entstaatlichten den Staat, so gut es eben ging.

Diese Situation band den Kritikern die Hände und vernebelte die besten Köpfe. Vor die Alternative: unbeschränkte Marktfreiheit und am besten gar kein Staat oder sozial aktiver Staat unter Inkaufnahme seiner bürokratischen Übergriffe gestellt, entdeckten sie, erst zögerlich und widerstrebend, dann von Gewissensbissen freier, ihre Sympathie zum Staat. Selten verfassten überzeugte Gegner des Kapitalismus warmherzigere Adressen an den »bürgerlichen Staat« als in den 1990er-Jahren. So sorgsam die neuen Staatsfreunde es vermieden, den »Ordnungsstaat der Eigentümer« zu hofieren, so überschwänglich lobten sie den »Sozial- und Wohlfahrtsstaat der Bürger«, so als warte er nur auf eine letzte, große Kraftanstrengung der »Zivilgesellschaft«, um sich endgültig und offen zu ihr zu bekennen. Da er allein die Gewähr bot, den Absturz in die Marktgesellschaft zu verhindern, sah man geflissentlich über die ordnungspolitische Grundverfassung des Wohlfahrtsstaats hinweg. Vom Siegeszug neoliberaler Reformprogramme überrannt und überwältigt, trennte man, auf der Suche nach einem Rettungsanker, was im Grunde sauber nicht zu trennen war.

Die globale Allianz der Neoliberalen mehr im Nacken als vor Augen, verspielte die europäische Linke die Gunst der Stunde, den Staat als solchen der Kritik zu unterziehen, aus ihrer Perspektive. Sie verschmähte den Auftrag des Freiheitskampfes von 1989, weil sie sich instinktiv weigerte, den Staat, der doch schon halb am Boden lag, noch weiter zu bedrängen. Das galt ebenso wenig als opportun, wie die Neoliberalen an ihre Kinderstube, an die liberale Philosophie des neunzehnten Jahrhunderts, zu erinnern. Auch dafür war die Zeit nicht günstig. Dabei wäre hier mancher Schatz zu heben gewesen.

Der klassische Liberalismus bewegte sich von Anfang an – und je mehr er sich ausformulierte, desto markanter – in einem inneren Widerspruch. In einer Linie verfocht er die Ansprüche und Rechte des Individuums gegenüber dem Staat, ohne sich um die Freiheit der Einzelnen gegenüber wirtschaftlichen Zwängen weiter zu bekümmern. Der ungehemmte Aufschwung der neuen Wirtschaftsweise würde schließlich allen Menschen, die sich zur Verfügung stellten, ein eigenes, selbstbestimmtes Leben sichern; was heute wie eine schale Schutzbehauptung tönt, klang, als der Kapitalismus selber eine Utopie war, wie ein vertrauenswürdiger Wechsel auf die Zukunft. Er platzte. Die zügellose Konkurrenz drohte die Gesellschaften, die ihr opferten, innerlich zu zerreißen; die »soziale Frage«, deren abschließende Lösung verheißen war, erhob sich neuerlich, schärfer denn je.

An ihr profilierte sich eine zweite Linie liberalen Denkens. Von der Notwendigkeit, die individuelle Freiheit gegenüber dem Staat zu verteidigen, weiter überzeugt, entwickelten sozial sensiblere Gemüter ein Organ für jene Bedrängnisse, die ein unregulierter Gesellschaftsprozess heraufbeschwor. Die Selbstbestimmung des Menschen war doppelt bedroht: von einem Übermaß an Ordnung, staatlich-bürokratischer, und von sozialer Regellosigkeit, von »Anomie«.

Dem neuen Bedrohungsszenarium entsprach ein radikalisiertes Freiheitsideal: Die »gute« Gesellschaft hatte jeder und jedem das Recht sowie die Möglichkeiten einzuräumen, gerade seiner respektive ihrer Art gemäß zu leben, so »normal« oder so »exzentrisch« wie immer gewünscht.

Dem Individuum, in diesen Stand gesetzt, war Arbeit aufgetragen, Arbeit an sich selbst, um, im schönsten aller Fälle, das Leben zum Kunstwerk zu stilisieren. Für die Masse stand Arbeit der profanen Art bereit, so beschaffen, immerhin, dass sie ein eigenes Leben trug. Die einen entwickelten ihre Persönlichkeit, die anderen, in ihren Wünschen bescheidener – der wunde Punkt des liberalen Menschenbildes: die Armen sind auch arm an Phantasie –, erklommen die Stufe der Person. Wer unvermögend und ohne Arbeit dastand, verfehlte beides.

37.
Nomade und Igel

Was könnte eine linke Staats- und Gesellschaftskritik Sinnvolleres leisten, als dieses Programm aufzugreifen und auf die heutigen Notwendigkeiten einzustimmen?

Nun denn. Grundeinkommen und ausgedehnte ökonomische Wahlfreiheiten besorgen, im Verein mit einer auf Jahrzehnte berechneten Bildungsoffensive, genau dies. Sie erden den Liberalismus sozial; sie verallgemeinern das Recht auf Persönlichkeitsentfaltung, das in Anspruch zu nehmen nun jede(r) »vermögend« genug ist, materiell wie kulturell; sie verteidigen die persönliche Integrität gegenüber staatlichen Zugriffen, ökonomischen Diktaten und sozialen Konformitätszwängen.

Die Entstaatlichung des Staates, nach neoliberalem Muster bewerkstelligt, entwaffnet die Menschen gegenüber den Mächten der Welt, unter denen die wirtschaftlichen heute zweifellos den Ton angeben. Derselbe Entstaatlichungsprozess, den Grundsätzen eines sozial engagierten Liberalismus verpflichtet, ermächtigt das Individuum, stärkt seine persönlichen Widerstands- und seine sozialen Bindungskräfte gegenüber allen Machtinstanzen.

Der neoliberale Staat überlässt die Einzelnen wortreich sich selbst, liefert sie tatsächlich den Marktgewalten aus; sein kosmopolitisches Ideal ist der Nomade, der sich heute hier und morgen dort verdingt und »Heimat« für romantisches Geklapper hält, für ökonomische Folklore.

Der sozial robuste liberale Staat weist jedwedem Individuum einen vorab anerkannten Platz auf dieser Erde zu, unabhängig davon, welchen Ort es jeweils wählt und aufsucht; sein kosmopolitisches Ideal ist der Igel aus Wilhelm Schröders Märchen, der, weil schon immer »allhier«, der Not, dem Hasen hinterherzuhecheln, überhoben ist; so viel Romantik muss, um der Freiheit willen, sein.

Wenn jeder Mensch so leben kann, wie er nun will, wozu braucht man dann noch uns, die Politiker? In dieser Frage einer Landtagsabgeordneten der deutschen Linkspartei scheint das gesammelte Missverständnis, der ganze Konservatismus dieser Linken auf.

Die Frage so zu stellen heißt, sie sinnlos zu verrätseln. *Dass* jeder Mensch so leben kann, wie er nun einmal will, *dazu* braucht es Politiker! Politiker, die den Mut haben, sich selbst als Vormünder und Ratgeber des »richtigen« Lebens abzuschaffen, die nichts sehnlicher herbeiwünschen als Verhältnisse, unter denen man weder Reiche im Zaum zu halten noch Arme zu beschützen hat.

»Der ganze Sinn von Politik ist Freiheit«, äfft der Neoliberale Hannah Arendt nach und meint doch nur eine gewisse Läufigkeit, die nach dem Markt. »Der ganze Sinn von Politik ist Protektion der sozial Schwachen«, entgegnet der Sozialist der alten Schule und träumt dabei von sich als ewigem Wegbegleiter der Unselbstständigkeit. – Schafhirt mit allzeit sorgenvoller Miene oder geiler Bock, der seinen Trieb nicht zügeln kann: Wähle hier, wer will!

Man kann die Alternative zu diesen beiden Haltungen gar nicht treffender charakterisieren als durch einen Verweis auf das Werk von Hermann Fürst von Pückler-Muskau. Als der seine berühmten Parklandschaften gestaltete, deutete er die Wege, die sie durchqueren sollten, zunächst nur vage an. Er verwandte viel Zeit darauf zu beobachten, wie sich die Besucher durch die Parks bewegten, welche Pfade sie sich bahnten. Erst nachdem er einen genauen Überblick über die spontane Topographie der Flaneure gewonnen hatte, legte er die Routen fest.

Das ist die Denkungsart des wahren Liberalen. Er verfügt Regulierungen des gesellschaftlichen Verkehrs, wo sie unumgänglich sind, orientiert sich dabei aber strikt an den »Laufwegen« des Publikums. Sein missratener Enkel riskiert, von einem naiven Freiheitsverständnis geleitet, im Zweifelsfall lieber den Crash der Verkehrsteilnehmer, als sich ordnend einzumischen. Wieder anders der strenge Hüter der allgemeinen Wohlfahrt. Der schlägt, nach einem vorgefertigten Tableau, rigide Schneisen in die soziale Landschaft, freut sich der so gewonnenen Übersicht und belegt Erkundungsgänge auf eigene Faust mit einem Ordnungsgeld.

38.
Letzte Ausfahrt: Utopie

Bislang hat sich noch jedes utopische Projekt den Vorwurf eingehandelt, die Rechnung ohne den Wirt gemacht zu haben. Selten wurde dieser Vorwurf bissiger, amüsanter vorgetragen als von Hans Magnus Enzensberger in seinem frühen Gedicht »Über die Schwierigkeiten der Umerziehung«. Das geht im Auszug so:

Wenn nur die Leute nicht wären!
Immer und überall stören die Leute.
Alles bringen sie durcheinander.

Wenn es um die Befreiung der Menschheit geht
laufen sie zum Friseur.
Statt begeistert hinter der Vorhut herzutrippeln
sagen sie: Jetzt wär ein Bier gut.
Statt um die gerechte Sache
kämpfen sie mit Krampfadern und mit
 Masern.
Im entscheidenden Augenblick
suchen sie einen Briefkasten oder ein Bett.
Kurz bevor das Millennium anbricht
kochen sie Windeln.

An den Leuten scheitert eben alles.
Mit denen ist kein Staat zu machen.
Ein Sack Flöhe ist nichts dagegen.

Radikale, leider lebensferne Utopie, beschränkter, aber wetterfester Pragmatismus, zwei Geisteshaltungen, voller Ignoranz für die je andere, damit spielt das Gedicht. Sein Autor tänzelt nur scheinbar in der Mitte der beiden Positionen. Er ergreift Partei, weniger für die Erdenschwere der ganz normalen Leute als vielmehr gegen die Realitätsflucht der Intellektuellen. Den Blick frei geradeaus gerichtet, aufs Absolute, auf die Totalveränderung der Welt, übersehen sie, was da und da im Wege steht, und stolpern schon beim nächsten Schritt.

Ach, die guten alten Zeiten, in denen man die Utopie so gallig abfrühstücken konnte, und, ach, die Gegenwart, der nur mehr Utopie pragmatisch auf die Sprünge hilft.

Die Welt, in der wir leben, fremd zu finden, mindestens befremdlich, und sie im Geist zu überschreiten, das ist für uns die erste (Über)Lebensregel. Nur wenn wir sie beherzigen, wird es ein Und-so-weiter geben. Ansonsten reißt die Kette der Generationen ab, noch ehe der letzte Kubikmeter fossilen Brennstoffs verglüht, und alles, was Menschen je gedacht, wofür sie gekämpft und gelitten haben, war umsonst.

Wir haben die Rechnung ohne den Wirt gemacht, ja, ohne den *großen* Wirt, den wir gar nicht übertölpeln können, und nun ist Zahltag. Und siehe: Wir lehnen materielle Opfergänge ab. Als passionierte Eigenbrötler lassen wir unseren Privatfisch weiter schwimmen und bürden die Lasten unserer Folgenblindheit unbekannten anderen auf. »Sind wir auch nicht angekommen, so haben wir doch tüchtig marschiert!« – der muntere Spruch des legendären k. k. Offiziers legt heute die Fährte für den kollektiven Absturz.

Gut möglich, dass die Zeit, das Steuer herumzuwerfen und den Kurs zu ändern, bereits verstrichen ist. Solange die Hoffnung, das Ende abzuwenden, noch besteht, ist kein Vorschlag »verrückt« genug, um abgetan zu werden.

Die letzte Ausfahrt weist in Richtung Utopie.

Warum ist überhaupt etwas, warum ist nicht vielmehr nichts? Die grundphilosophische Frage von Leibniz, wir werden sie demnächst beantworten.

Wie wohl?

39. Am eigenen Leib

Auf den Spuren der Dichter?

In einem Drama von Franz Xaver Kroetz, »Das Nest«, wartet ein Paar voller Sorgen auf Nachwuchs. Die wirtschaftlichen Verhältnisse, unter denen beide leben, sind bescheiden. Wieder und wieder prüfen sie ihre Haushaltslage. Erlaubt sie es, die Erstausstattung für das Kind aus eigenen Kräften, ohne Schulden aufzunehmen, zu bestreiten? Ja, sagt der Mann, der als Kraftfahrer bei einem kleinen Fuhrunternehmen arbeitet, und verspricht, bei seinem Chef um Überstunden einzukommen. Die Bitte fruchtet; fortan ist er mit seinem Lastwagen häufig länger unterwegs, zuzeiten auch am Wochenende. Derweil wächst das Kind heran, stellt Ansprüche ans Leben, die zu befriedigen, im Einklang mit dem, was sich »gehört«, Mehrarbeit auf Dauer nach sich zieht. – In der Schlüsselszene des Stücks taucht der Mann mit seinem Gefährt an einem See auf, sieht sich verstohlen um, verkippt die Ladung ins Gewässer und verschwindet. Wenig später erscheint seine Frau samt Kind am selben Ort, zum Bade. Kaum ist der Junge aus dem Wasser, rötet sich seine Haut. Abends bekommt er Fieber und schreit vor Schmerz; der Notarzt beordert ihn ins Krankenhaus. Die Diagnose lautet auf Vergiftung durch Chemikalien. Anfänglich steht es schlimm um den kleinen Patienten, doch er kommt davon. – Der Mann erfasst die Situation sofort; von Scham geplagt, erklärt er sich nach einigem Bedenken seiner Gattin. Die nennt ihn »Mörder«, und genau so fühlt er sich. Er beschließt, sein Leben zu verändern, nicht mehr jede Weisung ohne Murren zu befolgen, und spricht am nächsten Morgen mit dem Vertrauensmann von der Gewerkschaft. »Nutzt das was?«, fragt ihn am Ende, schon versöhnlicher, die Frau und erhält zur Antwort: »Die Gewerkschaft, das sind viele.«

Kroetz entwirft in seinem Stück das Modell einer Verhaltensänderung, geboren aus schmerzlicher Erfahrung am eigenen Leib. Die Lösung, die er vorschlägt, wirkt auf den ersten Eindruck kurzschlüssig, naiv. Sollen, müssen wir auf eine neue Art zu denken und zu agieren, so lange warten, bis annähernd jede(r) von uns die Konsequenzen des eigenen Tuns persönlich spürt? Befinden wir uns nicht vielmehr in der komfortablen Lage, diese von uns abtrennen zu können, sodass sie irgendeine(n) treffen, irgendwann, nur nicht uns in diesem Leben?

Wir verfügen über diesen Komfort, nur hilft er uns nicht weiter, weder gemeinschaftlich noch individuell. Die Fern- und Nebenwirkungen unseres Handelns, des eng verzahnten wie des unverbundenen, schlagen auf uns alle durch, wobei die Fristen zwischen Aktion und Reaktion zusammenschrumpfen. Der schmerzhafte Zirkel, zur Zeit, als Kroetz sein Drama verfasste, noch umfänglich und lückenhaft, verengt und schließt sich mit rasender Geschwindigkeit. Wir sind in ihm gefangen, aller Ausflüchte und aller Tricks zum Trotz, derer uns weiter zu bedienen wir besinnungslos genug sind.

Sind alle Fluchtwege verbaut?

Politisches Bewusstsein könnte helfen, fand Kroetz in jenen Jahren. Gut, erfreulich für seinen Kraftfahrer, dass er seine Scham bezwingt und Kontakte zur Gewerkschaft anknüpft. Ebenso gut, vorteilhafter womöglich, für ihn und für jedewede(n), wenn man schädliche Aufträge von sich aus ablehnte, solche Dienste rundheraus quittierte und dennoch sein Auskommen fände. Das Leben als solches wählen können, frei von sozialer Angst und wirtschaftlicher Not, auf den Markt pfeifen, und sei es im Walde, dabei Eicheln sammelnd; so hätte es, vielleicht, ein Fortkommen mit unserer Spezies.

Ob soziale Stoppregeln für Vermarktungszwänge die Abwärtsspirale wirksam bremsen, wer wollte das mit Sicherheit behaupten. Hörten wir auf, die Erde wie Räuber zu bewohnen, und erstatteten die Kosten ihrer Regeneration – unser geträumter Reichtum schmölze zu einem überschaubaren Handgepäck zusammen. Wäre da überhaupt noch Platz für soziale Bremsfallschirme von der Art des Grundeinkommens? Oder griffe eine neue Barbarei um sich, die der letzten Menschen, die das wenige, das bleibt, einer dem anderen unbarmherzig streitig machen? Wozu, ferner, die

Laufrichtung, mit sich im Reinen, ändern, wenn die Dämme dennoch brechen. Die Höhe der Flut, die dann kommt, noch beeinflusst zu haben, so günstig wie minimal, spendet schwachen Trost.

Ich wüsste, um anzufangen, keinen besseren.

40.
Korrekturen

Ein verworfener Titel dieser Betrachtung lautete: Versuch, die Grenzen der Freiheit zu bestimmen; zu allgemein zugleich und zu vermessen. Das Freiheitsthema auszuschöpfen, auch nur in Bezug auf die ökonomische Sphäre, die hier den Fokus bildete, das hätte Erwartungen nur geweckt, um sie pünktlich zu enttäuschen. Die im vorgegebenen Rahmen erörterbare Frage war gewichtig genug: Wie kräftig darf die ökonomische Willensfreiheit sprießen, ohne die Springquellen des gesellschaftlichen Reichtums zu überwuchern, zum Nachteil allgemeiner Wohlfahrt, individuellen Wohlergehens? Oder konkreter, mit leicht vulgärem Anklang: »Rechnet« sich die Freiheit, wenn sie hinter Arbeit ein Fragezeichen setzt?

Die Antwort, je und je gegeben, nunmehr zum Resümee geführt, heißt: Ja, die Freiheit »rechnet« sich, und sie trägt Zinsen. Aussteiger, Arbeitsbürger, Unternehmer ziehen, erfüllt man das Versprechen abwählbarer Arbeit überlegt, Gewinn daraus, kulturellen oder materiellen, unmittelbar oder doch in naher Zukunft.

Ein Argument im Für und Wider »durchzubringen« rechtfertigt, selbst wenn der ärgste Kritiker zuletzt ermattet beistimmt, keinen intensiven Schreibprozess. Wozu sich in Klausur begeben, wenn nicht zu dem Zweck, sich geistig zu entsichern, um hernach anders zu denken als zuvor. Routinen, zur Bewältigung des Alltags unentbehrlich – das kann ich ohne große Überlegung, gut so! –, taugen nicht zum inneren Zwiegespräch. Der Dialog verstummt, wenn »Ich« schon alles weiß und, froh darüber, »mir« Neues weder mitzuteilen noch zuzumuten wage.

Inwiefern ergab sich Neues?

Zwei Korrekturen an dem in »Bürger, ohne Arbeit« erreichten Erkenntnisstand halte ich für wesentlich.

Erstens. Im Mainstream der zeitgenössischen linken Kapitalismuskritik gilt der Staat, am Markt gemessen, als das geringere Freiheitsrisiko. Ich bin da nicht mehr sicher und habe die Gründe für meine Zweifel dargelegt. Ich möchte sie noch einmal unterstreichen: Gegen den Markt, gegen Märkte an sich zu wettern verrät mangelnde Unterscheidungskraft. Der Markt begegnet uns im Plural, als Kapitalmarkt, Gütermarkt, Dienstleistungsmarkt, Kunstmarkt, Bildungsmarkt, als Stellen- oder Arbeitsmarkt. Die summarische Aufzählung gliedert das Marktgeschehen in einzelne Segmente und nivelliert zugleich die Singularität des Arbeitsmarktes. Es bedeutet einen kardinalen Unterschied, ob ich Waren oder Dienstleistungen vermarkte, ob ich mein Geld als Kapital zu Markte trage oder mein Arbeitsvermögen. Was hier stattfindet, ist eine Verkehrung von Substanz und Attribut.

Die Fähigkeit, Arbeit zu leisten, erläutert, als eine unter vielen Eigenschaften, den Menschen, sein unerschöpfliches Wesen. Bin ich, bei Strafe physischer Not, zur Vermarktung dieser Fähigkeit gezwungen, verschlingt *ein* Grundzug meines Wesens – arbeiten zu können – den ganzen Menschen oder speit ihn, wenn sich kein Käufer findet, halb gelangweilt, halb angewidert aus.

Marktprozesse dagegen, die dem Veranstalter des Marktspiels, dem Menschen, Sonderrechte zubilligen, sodass er daran teilnehmen oder ihm fernbleiben und trotzdem menschenwürdig leben kann, geben wenig zu befürchten und einiges zu hoffen. Stimmt die Prämisse – (ab)wählbare Arbeit – stimmt auch das Resultat, der »Preis der Arbeit«, weil dem Leben eigener Wert schon immer zugeschrieben ist, und man könnte mit geringer Übertreibung ausrufen: Alle Macht dem Markt – dieser bislang rationellsten und nunmehr auch humanen Wirtschafts- und Primärverteilungsweise!

Ein historischer Vergleich von wirtschaftlicher Rationalität und Humanität, der beider Eigenart und beider Rechte respektiert, ebnete den Weg zur »Auswilderung« der Utopie. Die Gehege zu öffnen, den Feldversuch anzuberaumen vermag nur ein entschiedener gesellschaftlicher Willensakt. Dazu müssen sich die Vielen, die die Gesellschaft bilden, vernehmlich äußern und bereit sein, den konzentrierten Ausdruck ihres Willens, den Staat, für ihre Absichten mobil zu machen. Anschließend können sie ihn in die Ferien schicken oder an den Hindukusch.

Zweitens. Neu, unerwartet, anfänglich unwillkommen war die Einsicht, dass die Freiheit, die ich meinte, im Wesentlichen negative Freiheit war, die Freiheit, Nein zu sagen, zur Stelle, zum Beruf. (Ab)wählbare Arbeit? Was semantisch auf die Klammer folgt, steht praktisch selbst in Klammern, ist ungewiss, bar jeder Rechtsgrundlage. Ist negative Freiheit deshalb zu verwerfen?

In der Evolution der menschlichen Spezies erwies sich Sprache von vornherein als Schlüsselkompetenz. Individuen, die darüber verfügten, konnten Rangordnungskämpfe vermeiden, indem sie prononciert erklärten: »Ich will nicht kämpfen!« Kein schlechter Auftakt für den Homo sapiens, wert, in unsere Zeiten übersetzt zu werden: »Ich will nicht arbeiten, nicht um jeden Preis und nicht zu diesen Konditionen!«

Das Vermögen, Nein zu sagen, das die soziale Welt erschaffen half, besitzt, im Radfahrerjargon zu sprechen, womöglich noch Reserven. Sie zu erschließen käme, das sei letztmalig hervorgehoben, auch den Arbeitenden zugute. Der Arbeitsvertrag der Zukunft basiert auf dem Recht beider Partner, einander verlassen zu können.

Mehr zu verlangen, absolute Freiheit, die alle jederzeit mit Ausstiegsrechten *und* mit Arbeitsgarantie versieht, bedeutet in letzter Konsequenz, im Alten zu verharren, die Freiheit, wie auf dem Appellplatz, an der Arbeit auszurichten. Die Funktionäre der sozialen Ordnung hissen in Gedanken schon die Fahne.

41.
Offene Enden

Absetzbare Arbeit, Grundeinkommen, Bildungsoffensive – das ist der Dreiklang einer verheißungsvollen Zukunft. Im Grundsätzlichen ausgeführt, stehen viele ihrer Modalitäten derzeit noch in Frage.

Führen Austritte aus der Arbeit ohne Vorankündigung nicht vorhersehbar zum Stocken ökonomischer Prozesse? Müsste, folglich, wer aus seiner Arbeit ins Grundeinkommen umzusteigen wünscht, dieses Begehren zunächst kundtun – es zu vollstrecken erst nach einer »Friedenspflicht« berechtigt? Das böte dem Unternehmer die Gelegenheit, dem oder der Austrittswilligen ein neues Angebot zu unterbreiten oder, falls er sich dazu außerstande sieht, Ersatz zu finden. Eine Verhandlungsphase also statt des sofortigen Abbruchs der Verbindlichkeiten.

Kämen, wenn mehrere in einem Unternehmen Ausstiegsambitionen hegen, Sprecher und Repräsentanten der Beschäftigten zum Zuge? Gewerkschaftsfunktionäre, Betriebs- und Personalräte neuen Typs, auf beiderseits störungsfreie Abwicklung von Arbeitskarrieren spezialisiert?

Wird das Grundeinkommen tatsächlich allen Bürgern, auch den gut verdienenden, zuteil, sei es nur nominell, auf dem Einkommensnachweis, den jeder und jede einmal im Monat zur Kenntnis nehmen und sehen: Das wäre auch ein Weg? Oder genügt es vollauf, dass jene, die, freiwillig arbeitslos, seiner bedürfen, es erhalten? Soll das Grundeinkommen wählbar sein, als Generalversicherung für alle Lebenslagen? Wählt man da nur einmal, beim Eintritt ins Erwachsenenalter, oder darf man sich später noch dafür entscheiden? Sitzt die abzugspflichtige Grundsicherung ökonomisch vielleicht doch am längeren Hebel, weil sie die Arbeit billig und also flott macht, zum Nutzen auch der vielen Mitesser? Betäubt die Politik der billigen Arbeit aber nicht vielmehr den Neuerergeist, sodass am Ende alle die Flügel hängen lassen?

Offene Fragen, die sämtlich der materiellen Komponente der Utopie zu Leibe rücken. Ich habe mich darüber, soweit ich es vermochte, ausgesprochen, meine Ansicht anderen aufzudrängen liegt mir fern. Rechenexempeln, gedanklichen Manövern keineswegs abhold, scheint mir der Kern des Problems doch tiefer angesiedelt. Dazu eine abschließende Bemerkung »spielerischer« Art.

42.
Geld und Seele

In einem Kurzfilm mit dem Titel »Eine Schauspielerin versucht zu weinen« erscheint eine Frau vor der Kamera zu eben diesem Zweck. Ein Regisseur hat sie gebeten, künstlich Tränen zu vergießen, sie hat sich, für ein Honorar, dazu bereit erklärt. Nun muss sie weinen, obwohl sie gar nicht weinen muss. Mit sich allein, physisch verletzt, psychisch erschüttert, geistig ergriffen, überkäme sie das Weinen. So aber, vor dem Apparat, ohne inneren Anlass, vom authentischen Motiv getrennt, lässt der Vorgang auf sich warten. Das Weinen aufzurufen erfordert einen Willensakt, es herzustellen eine Technik. Man kann das füglich »Arbeit« nennen und hat dann einen ersten Anhaltspunkt für das, was Arbeit »ist«: Außersichsein, vom Eigenen geschieden, im Zwiespalt mit sich selbst.

So, in diesem Zustand, nimmt die Darstellerin die Arbeit auf. Man sieht, wie sie sich körperlich sammelt, konzentriert, inwendigen Blicks Erregungsspuren aufsucht, an denen Tränen haften; noch verweigert sich der Mechanismus, noch ringt die Befehlszentrale mit dem Leib. Sekunden später tritt Flüssigkeit ins Auge, für einen Tropfen nicht genug, Kampf und Zwietracht währen weiter, den Ausgang für sich zu entscheiden, spannt der Geist die Seele ein, den Köper auf die Folter, und nun gehorcht er. Die Aktrice, glücklich über ihren kummervollen Ausdruck, derweil zu traurig für ein heiteres Mienenspiel, presst eine Träne aus – geschafft! Die Spannung löst sich, Perle folgt auf Perle, ein schmales Rinnsal formt sich in Tateinheit von Seele, Geist und Leib, wo anfänglich nur äußerer Wille war.

Die Frau, bei Aufnahme der Arbeit außer sich, ist sichtlich, sinnfällig in sich hineingelangt. Wer sie jetzt sieht, sieht keine Spur von Willkür, nur »echtes« Weinen. Sie leistet »ganze« Arbeit und erreicht, was dem Menschen als arbeitendem Wesen überhaupt erreichbar ist: Beisichsein in fremdem Auftrag.

Hat ihr das Geld, das diesen Vorgang vollends zum Arbeitsvorgang stempelt, die Prozedur versüßt? Vermutlich. Erleichtert? Vielleicht. Ermöglicht? Sicher nicht. Könnte man die Darstellerin mit einem Grundeinkommen ködern, das ihre Arbeit stilllegt, hinter die öffentlichen Kulissen und vor den Spiegel zwingt? Das anzunehmen wäre albern. Niemand schwört einer Arbeit, auf die er sich versteht, mit der er innerlich verwächst, für eine Ausstiegsprämie ab.

Würde sie eine Grundsicherung deshalb verschmähen? Das verstöße gegen ihre eigenen Interessen. Als freiberufliche Erwerbsperson kennt sie Arbeitspausen, die Sorge um den nächsten Auftrag, die nächste Rolle, nur allzu gut. Das Geld vertriebe nicht die Sorgen um die Zukunft; die Angst, in der eigenen Pose ökonomisch zu erstarren, verscheuchte es jedoch. Zum Seelenkäufer weder geeignet noch bestimmt, wirkt es als Seelentröster in arbeitsfreien Zeiten ungemein entspannend.

Und damit ist es gut.

43.
Postskriptum

In vielen demokratisch verfassten Gesellschaften wird man heute freiwillig Soldat, Soldatin – warum nicht auch Arbeiter und Angestellte?

Freiheit, in der persönlichen Sphäre, fußt auf dem Recht der Individuen, sich aufgrund souveräner Entscheidung zu binden, einander aber auch wieder verlassen zu können, ohne soziale Sanktionen zu gewärtigen.

In der ökonomischen Sphäre ist diese Freiheit unbekannt. Wer einem Dienstherren kündigt, muss sich einen anderen suchen, sonst drohen unliebsame Konsequenzen?

Wie lange noch?

Das Beschäftigungsverhältnis aus den Fesseln sozialen Zwangs, in denen es seit je gefangen war, zu lösen, das ist der nächste Schritt des zivilisatorischen Prozesses.

Ihn zu vollziehen unterstellt ein Grundeinkommen, das dem Leben ohne Arbeit eine materielle Basis gibt, auf der es, weil auskömmlich, überhaupt erst wählbar wird.

Sein Auskommen finden, mittels Arbeit, in gesellschaftlicher Teilhabe, verlangt ein Entgelt, dass das ermöglicht – einen Mindestlohn.

Darunter darf kein Grundeinkommen fallen – es wäre nicht mehr auskömmlich.

Daher gilt: Grundeinkommen = Mindestlohn.

Wer darauf Anspruch hat, verlangt nach Arbeit mit einem höheren Ertrag.

Folglich gilt auch: Arbeitseinkommen > Mindestlohn.

Diesen Witz hat noch niemand verstanden.

Man sollte ihn wie ein Geheimnis hüten!

Keine Grundsicherung ohne gesetzlichen Mindestlohn!

In dieser Frage steht der fortschrittliche Liberale dem Gewerkschaftler zur Seite.

Kein über dem Mindestlohn liegender Arbeitsertrag ohne Grundeinkommen!

Wo ist der Gewerkschaftler, mit dem der Liberale sich in diesem Kampf verbünden könnte?

Ohne Deckung durch einen Mindestlohn sinkt das Grundeinkommen unter die Schwelle des Auskommens.

Zuarbeit wird unentbehrlich, die aus dem Arbeitsprozess Ausgeschiedenen versammeln sich abermals beim Unternehmer, jederzeit bereit, die Stellen seiner aktuellen Mitarbeiter einzunehmen.

Der folgt ihren Begehren, entledigt sich des Personals,

so gut er kann, und speist die Neuen, die schon etwas auf dem Rücken haben, mit Almosen ab.

Das »Grundeinkommen«, das dem Unternehmer schmeckt, subventioniert die Löhne – aus allgemeinen Steuermitteln.

Die einen kaufen sich mit »ihrem« Grundeinkommen (das nun keines mehr ist) erneut in ihre vormaligen Beschäftigungsverhältnisse ein und leben nun so gut, so schlecht als wie zuvor; die anderen befreien sich mit demselben Instrument von ihren unternehmerischen Pflichten: »guter Lohn für gute Arbeit« – Niederkunft der Utopie als Farce.

Um auch nur die ärgsten Folgen eines Grundeinkommens, das keinen Mindestlohn zum Paten hat, zu kontrollieren, müsste man den Grundeinkommensempfängern die Aufnahme zusätzlicher Arbeit untersagen und Wächter aufstellen, die illegale Grenzübertritte unterbinden bzw. ahnden.

Zukünftige Arbeitsplätze für engstirnige Gewerkschaftsfunktionäre, die sich nur ihrer Klientel, den je in Arbeit Stehenden, verpflichtet fühlen?

Die Abwärtsspirale aus Arbeitskonkurrenz und Lohnverfall drehte sich langsamer, immerhin, »Grundsicherung« bliebe ein Sammelbegriff für nicht arbeitende Arme, für staatlich verwaltetes Elend – im Arbeitspolizeistaat.

Ein auskömmliches Grundeinkommen könnte in zwei Teile zerfallen, einen ausbezahlten, der das Auskommen in materieller Hinsicht garantiert, und einen kulturellen Fonds für die geistigen Ansprüche und eigens abzurufen, an der Theaterkasse, in Museen, bei Lesungen etc.

So schlösse man auch im Procedere soziale Rechte und Bildungsanreize zusammen, freilich nur, um den Anspruchsberechtigten den Armutsnachweis abzufordern: kein Eintritt ohne Demutsgeste!

Wäre das, der kulturellen Stimulanz zuliebe, um zu verhindern, dass »geistige Nahrung« handfest umgewidmet wird, doch »zumutbar«?

Freiheit kommt nie zu früh!

Niemals?

»Alle Verbesserung des Politischen soll von Veredlung des Charakters ausgehen«, dämpfte Friedrich Schiller in seinen Briefen »Über die ästhetische Erziehung des Menschen« allzu verwegene Freiheitsträume seiner Zeitgenossen.

Erst die Kultivierung der »Gesinnungen und Gesittungen« und dann die Erweiterung des allgemeinen Handlungsspielraums.

Als ich das, jung an Jahren, erstmals las, runzelte sich die Stirn.

Heute stellen sich dort aus demselben Anlass Grübelfalten ein.

Calvin und wir

I.

Stehgreifdebatten entflammen schnell; noch schneller verlöschen sie. Der Streit um die Unterschicht, den deutsche Publizisten im Herbst vergangenen Jahres anzettelten, ist ein Beleg dafür. Wer redet heute noch darüber? Dabei lohnt es sich, das Thema nochmals aufzunehmen. Mit Abstand betrachtet, erlaubt es eine Diagnose der sozialen Frage unserer Zeit. Um zu ihr vorzudringen, war die Metapher nicht zielsicher genug – »Unterschicht«, wo, bitte, ist das und wer gehört dazu?

Wo es ein Unten gibt, da gibt es auch ein Oben, und zwischen beiden eine Mitte, die die Extreme aneinander bindet und den gesellschaftlichen Zusammenhalt verbürgt – in guten Zeiten. »Nur auf die Mitte erstreckt sich die ganze Macht der Gesetze; sie sind gleich ohnmächtig gegenüber den Schätzen des Reichen und dem Elend des Armen; ersterer vereitelt sie, letzterer entzieht sich ihnen; der eine zerreißt den Vorhang, der andere geht mitten durch.« So sah es Rousseau in seinem Artikel *Économie ou Oeconomie*, den er für Diderots Enzyklopädie schrieb, und so in etwa verstand sich auch die alte Bundesrepublik: als »nivellierte Mittelstandsgesellschaft«, als ein Gemeinwesen, das sich um eine kompakte, gut situierte Mitte scharte, zu der der Facharbeiter ebenso gehörte wie der Rechtsanwalt – hier konnte der »Verfassungspatriotismus« sozial vor Anker gehen.

Und heute?

Nehmen wir den Fall der Akademikerin mit bildungsbürgerlichem Familienhintergrund, die alle Forderungen erfüllte, die eine hochmobil gewordene Gesellschaft an sie gerichtet hatte: breit gefächertes Studium in den Geisteswissenschaften, langjähriger Auslandsaufenthalt, erst in Frankreich, dann in Israel, Abschluss mit gleich zwei Diplomen, einem französischen und einem deutschen; dann promovierte sie. Ihre Hoffnungen auf eine Hochschullaufbahn zerstoben trotzdem, und so beginnt sie, inzwischen Ende dreißig, wie viele in ihrem Alter zu fragen, was sie hätte anders machen können, machen müssen, um ihrem Leben die gewünschte Richtung zu vermitteln.

War es klug, so viele Jahre im Ausland zuzubringen, von den persönlichen Kontakten in Deutschland abgeschnitten? Hätte sie diese Beziehungen, ohne die kaum eine akademische Karriere glückt, intensiver pflegen müssen? Aber hörte sie nicht stets: Tummelt euch zeitig in der Welt, lernt Sprachen, sammelt Erfahrungen in anderen Kulturen, das kann nur euer Vorteil sein? Diese Klugheitsregel hatte sie beherzigt, zu strikt, wie es nun scheint, zu sorglos.

War sie ein Jahr zu lange unterwegs? Oder zwei? Sie findet darauf keine Antwort, so wenig wie auf die zweite Frage: Beging sie eine unverzeihliche Dummheit, als sie ihren Kinderwunsch ein ums andere Mal vertagte? Indes verhielt sie sich auch hier der Norm gemäß, zögerlich, wie die meisten ihrer Mitbewerberinnen um respektable Stellen im universitären Feld. Ein Kind bekommen mitten in der Profilierungsphase, das klang nach sicherem Chancentod. Nur wer verzichtet, wird belohnt. Leider nicht jede. So droht auch dieser Wunsch ins Grab zu sinken. Bleibt eine letzte Frage: Soll sie das Rennen fortsetzen, ihr Glück zu zwingen suchen? Oder verpasst sie da den letzten Ausstieg in ein anderes Leben?

Schwer zu sagen.

Die Frau, und das ist das Beklemmende, scheitert mit ihren beruflichen Erwartungen *und* bei dem Versuch, über ihr Scheitern Klarheit zu gewinnen, in Form einer Erzählung, die ihren Anteil am Misslingen referierte und sie dazu befähigte, Lehren zu ziehen, von denen andere, jüngere Frauen profitieren könnten.

II.

Ihr Bericht, den ich dem Band »Gesellschaft mit begrenzter Haftung. Zumutungen und Leiden im deutschen Alltag« (herausgegeben von Franz Schultheis und Kristina Schulz) entnehme, ist in mehrfacher Hinsicht aufschlussreich.

Er demonstriert, dass die Verunsicherung, die Verwundbarkeit sozialer Lebensläufe unterdessen bis weit in die bürgerliche Mitte der Gesellschaft reicht und dort ganz analoge Gefühle auslöst wie bei den früher Aussortierten: Ich mag mich noch so eifrig mühen, dem Idealbild des »flexiblen Menschen« zu entsprechen, zuletzt muss ich mir eingestehen – es war vergeblich, vielleicht sogar von Anfang an. Warum die Dinge diese Wendung nahmen, ich weiß es nicht. Es gibt, so will es scheinen, Auserwählte und Verstoßene des beruflichen Erfolgs; wer zu jenen zählt und wer zu diesen, folgt aus dem blinden Ratschluss einer unbarmherzigen sozialen Gnadenwahl; wir alle, die Glücklichen wie die Gestrandeten, sind Calvins späte Erben.

Das Elend dieser tief sitzenden Desorientierung samt der damit einhergehenden biographischen Drift einer präzise eingrenzbaren sozialen Unterschicht zuzuschreiben, und nur ihr allein, greift viel zu kurz. Was sich hinter unserem Rücken auflöst, quer durch die Gesamtgesellschaft, ist der überprüfbare Zusammenhang zwischen Mühe und Lohn, zwischen dem, was wir zugunsten unserer Pläne unternehmen, und dem, was schließlich daraus folgt. Unser soziales »Heil« ist nur mehr negativ bestimmt. Was wir, unseres Fortkommens zuliebe, vermeiden müssen, davon besitzen wir eine ungefähre Vorstellung, was unsere Ideale effektiv befördert und verwirklicht, verbirgt sich hinter einem dichten Schleier.

Die stellenlose Akademikerin befindet sich nicht exakt in derselben Situation wie der ungelernte Arbeitslose, dennoch teilen beide, bezogen auf je ihren Aktions- und Wahrnehmungsraum, dieselbe deprimierende Erfahrung: Sie finden keinen Anschluss, keine Stelle im Erwerbssystem, daher auch keinen geachteten Platz in der Gesellschaft. Sie begegnen sich, einer treffenden Formulierung Robert Castels zufolge, als »sozial Entkoppelte«, als Menschen ohne besondere Verwendung, gleichsam »kw«-gestellt.

Ob aus dieser strukturellen Wahlverwandtschaft Verbindlicheres erwachsen kann als nur geteilter Kummer, stille Wut, in die sich, den Herren der Arbeit zum Plaisir, wechselseitige Vorbehalte mischen (»ungebildete Faulpelze«, »hochnäsige Akademiker«), wer wollte, die bezwingende Logik der politischen Spaltung des Gemeinsinns tagtäglich vor Augen, darauf ernstlich hoffen?

III.

Alles Unglück, das die soziale Welt für Menschen bereithält, versammelt sich bei denen mit der geringsten Mitgift: bescheidene, oftmals ärmliche Verhältnisse, familiäre Bildungsdefizite, die sich in der Schule fortpflanzen und potenzieren, soziale Kränkungen, die von einer Generation zur nächsten übergehen und schließlich in eine ansteckende Müdigkeit münden, bei der das Selbst vorauseilend vor den Herausforderungen der Welt kapituliert: Ich werde, was ich bin, ein hoffnungsloser Verlierer, nichts und niemand wird daran etwas ändern, und daher trage ich auch keine Scheu, die mir zugedachte Rolle eines Taugenichts und Tagediebs zu spielen.

In einem Gemeinwesen, in dem die soziale Vererbung

dermaßen grassiert wie in dem unseren, ist das eine durchaus plausible Reaktion. In der Gesellschaft keinen Platz zu finden ist entmutigend, ihn gar nicht anzustreben schlicht fatal; dort, wo beides zusammenkommt, konzentriert sich die neue Unterschicht, hier decken sich Begriff und Wirklichkeit.

Die alte Unterschicht rekrutierte sich vorwiegend aus den Reihen derer, die die am schlechtesten bezahlten und am wenigsten anerkannten Positionen im Arbeitsleben innehatten, aus demselben Grund aber noch einen Teil des großen Ganzen bildeten, obschon einen in jeder Hinsicht untergeordneten. Die gibt es, unterdessen mit dem Namen *Working Poor* versehen, immer noch, und ihre Zahl ist angeschwollen.

Der neue soziale »Bodensatz« speist sich dagegen hauptsächlich aus Menschen, die noch jenseits dieser Grenze residieren, denen selbst unwürdige Formen der Lohnarbeit verschlossen bleiben.

Statt diese Resignation aufzubrechen, durch Förderung und Aktivierung der je eigenen Kräfte und Talente, ob nun markttauglich oder nicht, kujoniert das politische System die neue Unterschicht mit dem ewig gleichen Marschbefehl: Ab in die Arbeitswelt, in deren Katakomben. Wer dort nicht unterkommt, wird amtlich drangsaliert und geht, so zugerichtet, als Schreckgespenst des ordentlichen Bürgers um; als Pauper – willkommene Projektionsfläche der heimlichen Ängste sowie der offenen Verachtung des kleinen und des großen Bürgertums. Wer sich noch halbwegs auf der sicheren Seite wähnt, wird, angesichts der bürokratisch zelebrierten Lebensverlegenheit der »Verlierer«, seine eigenen Anstrengungen »dazuzugehören«, verdoppeln und verdreifachen.

IV.

Bis in die 1980er-Jahre hinein vollzog sich die soziale Integration der Menschen weitgehend im Schlepptau ihrer Einbeziehung ins Erwerbssystem. Soziale Integration *war* ökonomische Integration, in den arbeiterlichen Gesellschaften des Ostens durchgängig, in den Arbeitnehmergesellschaften des Westens in hohem Grade. Dieses Junktim ist nun aufgelöst, mit schon jetzt zum Teil verheerenden Konsequenzen in postsozialistischen Gefilden; und die Gewitter ziehen schnell gen Westen. Auf der Tagesordnung, und zwar der ganz persönlichen, vieler Millionen von Menschen ganz oben steht die Wiederaneignung des eigenen, ökonomisch gesehen »überflüssigen« Lebens.

Einigen dürfte das gelingen, (zu) wenigen gelingt es heute schon. Blickt man auf ihre bewunderungswürdigen, hier und da dokumentierten Versuche, sich an den eigenen Haaren aus dem Sumpf zu ziehen, der keinen Boden bietet, wächst der Zweifel an der Treffgenauigkeit des Wortes »Unterschicht«.

Nicht besser steht es mit einem anderen Ausdruck aus dem Vokabular schwatzhafter Bildungsbürger, der »die da unten« vorgeblich teilnahmsvoll zu »sozial Schwachen« degradiert, insgeheim erfreut, selbst zu den Starken zu gehören. Der erste scharfe Wind, der ihnen ins Gesicht bläst, wirft diese selbstverliebten Helden um.

Menschen, an Zurücksetzungen und Entbehrungen gewöhnt, dabei seit je nur auf sich selbst und ihresgleichen bauend, erwiesen sich in Umbruchszeiten stets als die resistenteren Naturen, als die stärkeren Charaktere. Sich darauf zu verlassen hieße den Mut und die Erfindungsgabe dieser »Selbsthelfer« schamlos missbrauchen.

Was Eile hat, ist eine frühzeitige und nachhaltige Befähigung heranwachsender Menschen zur Gestaltung ihres Lebens, mit und ohne Arbeit. Wenn Stelle und Funktion in weite Ferne rücken, hängt alles davon ab, in sich selbst den archimedischen Punkt aufzufinden, der das Dasein in eigener Regie neu ordnet. Aller Anfang ist schwer, je stärker und ausschließlicher der eigene Lebensentwurf auf den Beruf fixiert ist, desto schmerzlicher gestaltet sich der Abschied von der vermeintlichen Normalität. Aber irgendwann heißt es für jeden und jede in dieser Lage »Jetzt oder nie!«, verschlissene Träume stets aufs Neue ausstaffieren oder springen.

Vor einer solch folgenschweren Entscheidung steht die promovierte Akademikerin. Am Ende ihres Berichts befreundet sie sich versuchsweise mit dem für sie radikalen Gedanken, ihre Interessen, ihre intellektuellen Leidenschaften auch ohne den Ruf einer Universität weiterzuverfolgen, mit wenig Geld, durch Jobs erworben, und unter Verzicht auf offizielle Anerkennung:

»Ich dachte früher, das geht so auch durch meine bürgerliche Erziehung, da geht so eine Linie durch mein Leben, du machst eine gute Ausbildung und machst dann vielleicht noch die Promotion, und dann geht es, mündet es in einen ›guten Beruf‹ ein. Inzwischen sehe ich aber, dass diese Bewegung gar nicht mehr von so vielen Menschen realisiert werden kann und dass es ganz andere Formen gibt zu leben und, ja, also ganz andere Dinge sich entwickeln können.«

V.

Ganz andere Dinge könnten sich entwickeln …

Vom Stellenmarkt abgewiesen, ohne beruflichen Anschluss, insofern sozial abgeschrieben, steht unsere Protagonistin mit einem Bein in der neuen Unterschicht. Mit dem anderen fußt sie auf einem Kapitalstock aus veritablen Bildungsgütern, zählt sie zur bürgerlichen Mitte, in der sie sich behaupten will, notfalls gegen den Urteilsspruch des Marktes. Ihr ausgeprägtes Reflexionsvermögen kommt ihr dabei sehr zustatten. Sie besitzt die Fähigkeit, sich auszudrücken, mitzuteilen, Alternativen zu durchdenken. Dank dieses geistigen Spielraums schlägt sie die Opferrolle aus und geht mit sich in Revision. Dort wartet eine bittere Wahrheit darauf, formuliert zu werden: »Du bist gescheitert!« Noch sträubt sie sich, das laut zu sagen, noch flüstert sie das harte Urteil, auf Berufung hoffend, in sich hinein. Zahllose andere in derselben Lage verfolgt derselbe Zwiespalt. Besteht noch Aussicht, die Jugendträume einzuholen? Oder läuft das Glück nur hinterher, sodass man, es zu sehen und zu greifen, sich drehen müsste, behände, auf dem Fleck, mit beiden Beinen? Kehrtwende oder Flucht nach vorn?

Einmal in Gang gesetzt, stellt die Reflexionsschleife die praktischen Reflexe still; Bewusstsein als Verhängnis, Scheitern als Tabu: »Weißt du was, so schweig!«

Die Starre abzulegen, gibt es nur einen Weg – das Scheitern zu entdämonisieren, genauer nachzuforschen: Wo, woran bin ich gescheitert? – An der Nahtstelle zweier Märkte, dort, wo Bildungsmarkt und (akademischer) Stellenmarkt sich überlappen, würde die Antwort lauten, im vorliegenden Fall.

Ihr Bildungskapital zu konvertieren, in eine Position mit Renommee und Perspektive, misslang der Frau wie ungezählten anderen. Für einen Broterwerb böte sich der eine oder andere Unterschlupf, auch längerfristig. Eine Zeit lang arbeitete sie als Lehrerin für »Deutsch als Fremdsprache«. Ihre Fähigkeiten auf Abruf nur in Dienst zu stellen, empfand sie als entwürdigend; so stieg sie wieder aus. Für einen schleichenden Abschied von ihren Ansprüchen zu selbstbewusst, riskiert sie den großen Abschied ohne Zapfenstreich.

VI.

Sie weiß das, und auch ihr Grundversäumnis weiß sie anzugeben. Um ihrer vielversprechenden Bildungskarriere eine angemessene berufliche Laufbahn folgen zu lassen, hätte sie sich bei denen, die über gute, weil feste

Stellen disponieren, rechtzeitig und beharrlich ins Gedächtnis rufen müssen.

Kulturelle Märkte vergeben Namen, die, im weiteren oder engeren Umkreis, aufhorchen lassen, Erwartungen wecken, Aufnahmebereitschaft sichern. Wer einen Namen »hat«, kann seine Meinungen, Gedanken, Erfindungen leicht im Markt platzieren, findet Resonanz und wird dann ökonomisch auch belohnt. Einen Namen zu erlangen, gäbe es, offene Märkte unterstellt, nur ein Kriterium, dasselbe, mit dem der Name wuchert: überzeugende Ansichten, geschliffene Argumente, besondere Erfindungsgabe. Einzig die »Werke« führten, bei freiem Wettbewerb, zum Namen, der Name verliehe, als kulturelles Gütesiegel, den Werken herausgehobene Relevanz – das wäre, aus der Perspektive namenloser, gleichwohl hochbegabter Produzenten, ungerecht genug.

Es kommt viel ärger. Die Person tritt auf den Plan, spreizt sich, schiebt das Werk beiseite und empfängt die kulturelle Taufe allein durch das Versprechen, werkpotent zu sein. Das ist die moderne Form der Gnadenwahl, gegründet auf den Fetisch der Person. Sie entfaltet ihre den Wettbewerb verzerrenden und verfälschenden Wirkungen dort am zügellosesten, wo Herkunft über Zukunft herrscht; nicht zum Geringsten, leider, unter uns, den Deutschen.

»Sein ist Wahrgenommenwerden«, ein Satz, ein Wort, schon wissen wir, dem Bischof Berkeley sei's geklagt, wovon die Rede ist.

Und Calvin erst, dem Vordenker der Taufe aus dem

Nichts – dem lauschen und dem folgen wir, wenn wir uns noch so gottlos wähnen:

»Die Person kann bei Gott nicht durch die Werke Gnade erlangen, sondern die Werke sind umgekehrt erst dann Gott wohlgefällig, wenn zuvor die Person vor Gottes Angesicht Gnade gefunden hat.«

Wahr gesprochen! Die Wahrheit aus seiner »Institutio« von 1559 auf der Zunge nachzuschmecken, setzte man nur »uns« an Gottes Stelle, und die liebevoll gehegte Illusion allgemeiner Chancengleichheit fällt im Nu in sich zusammen, gibt den Blick frei auf uns als kollektive Fetischdiener der Person.

Erwählt wird, wer zuvor erkannt ist, und zwar vor der Erschaffung der Welt, wie Calvin nicht müde wird zu sagen. Dies wieder gottlos, atheistisch aufgefasst, verweist auf unsere sozialen Klassifizierungen, auf unsere vom Personenfetisch infizierten Ausleseverfahren, auf die wir uns weiß Gott was einbilden!

Dies noch, aus dem schon zitierten Hauptwerk: »Der Herr belohnt die Werke der Gläubigen mit Gütern, die er ihnen bereits gegeben hat, ehe sie überhaupt an Werke gedacht haben!« Und dies, dem »Glaubensbekenntnis« entnommen: »Die einen sind wahrhaftig nicht besser als die anderen ... Dafür, daß Gott sie den anderen vorgezogen hat, sind sie vielmehr doppelt verpflichtet.«

Wer an die Gnadenwahl, die heilige wie die profane, glaubt, bedeckt die unsichtbare Hand, die ihn erkannte und erwählte, mit Küssen und beißt sich lieber auf die Zunge, als auch nur ein kritisches Wort über die Willkür dieser selektiven Liebe, die das Menschengeschlecht spaltet, zu verlieren.

»Ohne Dingen nachzuforschen, die unser menschliches Maß übersteigen«, lebt es sich, zu den Erwählten einberufen, höchst angenehm.

VII.

Gegen den falschen Zauber der Person hilft nur Entzauberung, soziale Anerkennung aller als Person. Um sich bekannt zu machen, erst ein Rad zu schlagen, ist sie ferner nicht genötigt. Versachlichung des Wettbewerbs sodann, zum Abschwellen der Krampfadern. An ihren Werken sollt ihr die »Berufenen« erkennen, unbedingt, Vorrang zugleich der Schöpfung vor dem Schöpfer. Erst kommt der Mensch und dann die Werkmoral. Würde geht vor Eifer. Eifer, um der Sache willen, auf die Sache aus, legt Ehre ein. Eifer, für Medaillenblech um den Kragen der Person – da klappert die Rüstung. Der Mensch in der Rüstung will fechten. Die Kampfbahn gut gewappnet zu betreten, kramt er aus der Rüstkammer den ganzen, lächerlichen Firlefanz heraus: Nimbus, List, Prestige und Bluff.

Darüber lachen zu können ist das Vorrecht reifer Menschen.

VIII.

Befreites Lachen, reife Menschen?

Auszug aus einem Interview, das »Die Welt« am 28. April 2007 mit Professor Dr. Hans-Werner Sinn führte, Leiter des Münchener Ifo-Instituts und, nach Ansicht dieses Blattes, »Deutschlands populärster Ökonom«:

»Welt: Können Sie mit dem Begriff vom ›abgehängten Prekariat‹ etwas anfangen?

Sinn: Wahr ist: In Deutschland gibt es eine Unterschicht. Die aber hat der Sozialstaat hervorgebracht.

Welt: Wie bitte?

Sinn: Fast ein Drittel unseres Sozialprodukts verwenden wir für soziale Leistungen. Um in ihren Genuss zu kommen, muss man meist den Arbeitsmarkt verlassen. Die Menschen erhalten also eine Prämie, wenn sie sich aus der Arbeitsgesellschaft ausgliedern. Erst dadurch hat sich die Unterschicht im heutigen Umfang gebildet und verfestigt. Ein falsch konstruierter Sozialstaat, der das Wegbleiben statt das Mitmachen belohnt, hat die Kinder dieser Menschen auf dem Gewissen.

Welt: Einige SPD-Politiker fordern daher den ›vorsorgenden Sozialstaat‹, der stärker in die Familien eingreift. Wie gefällt ihnen das?

Sinn: Wenn der Staat durch Bildung vorsorgt, ist das völlig richtig. Bildung ist die beste Medizin gegen soziale Spannungen. Sie sorgt für gleiche Startchancen.

Das ist allemal besser, als nachträglich in die Einkommensverteilung einzugreifen.«

Auszug aus der »Denkschrift über den Pauperismus«, die Alexis de Tocqueville im Frühjahr 1835 für die Königliche Akademische Gesellschaft zu Cherbourg verfasste:

»Ich verstehe diejenige öffentliche Wohltätigkeit, die den Kindern der Armen die Schulen öffnet und dem Verstand unentgeltlich die Möglichkeit bietet, durch Arbeit den Leib zu versorgen.

Aber ich bin zutiefst überzeugt, dass jedes reguläre, ständige und administrative System, das für die Bedürfnisse des Armen sorgen soll, mehr Notlagen erzeugen wird, als es beheben kann. Es wird die Bevölkerung, die es finanziell und ideell unterstützen soll, verderben. Die Reichen werden zu bloßen Wirten der Armen erniedrigt. Die Quellen der Ersparnis werden versiegen, die Vermögenssteigerung wird zum Stillstand kommen, der Aufschwung des Handels wird erliegen, die Arbeit und das Gewerbe werden erstarren und letzten Endes eine gewaltsame Revolution im Staat herbeiführen, wenn die Anzahl derer, die Almosen empfangen, fast ebenso groß sein wird wie die Anzahl derjenigen, die sie bezahlen, und der Bedürftige, der von den verarmten Reichen nicht mehr genügend zur Befriedigung seiner Bedürfnisse erhält, es für leichter hält, sie auf einen Schlag zu enteignen, statt ihre Unterstützung zu verlangen.«

Zwei Exzerpte aus dem Stundenbuch der Vorurteile.

Vorurteile ziehen ihre Kraft aus der Leutseligkeit, mit der sie sich bekleiden, und aus dem Anschein, den sie für das Wesen deklarieren.

Bildung für die Armen, für das Volk – als Vorbeuge gegen den Aufruhr. Simpler zugleich und bornierter lässt sich der öffentliche Bildungsauftrag der Gesellschaft schwerlich formulieren.

Gebildete Arme sind den Reichen gefährlicher als unwissende, das weiß der waschechte Liberale, und so trägt er Sorge, dass die neue Strebsamkeit umgehend als Fleiß und Anstelligkeit zu Buche schlägt, als Arbeit der einfachen Art. Nur kein falscher Luxus, kein Überfluss, wo sie nicht hingehören. Bildung als »soziale Medizin«; für die Unterschicht muss das genügen, befand Tocqueville, befindet, mit artigem Kratzfuß vor der Chancengleichheit, auch Dr. Sinn.

Als seien einhundertsiebzig Jahre eine zu kurze Frist, um nachzudenken, folgt »Deutschlands populärster Ökonom« dem großen Franzosen auch in dessen Generalverdikt gegen den Sozialstaat.

Der produziert die Armut und verewigt sie – der Markt hat damit nichts zu schaffen. Arm ist, wer dem Staat vertraut, anstatt den eigenen Kräften. Abgeschmackte Meinungen aus dem Repertoire der Macht habenden Ignoranz. So etwas nannte man früher Ideologie, und wenn nicht alles täuscht, dann haben sich Ideologen in beachtlicher Zahl ins »postideologische« Zeitalter geflüchtet.

Zwischen der ökonomischen Erzeugung »überflüssiger« Armer und deren administrativer »Bearbeitung« existieren Wechselwirkungen, die das Phänomen verstärken, wer wollte das bestreiten. Vom Markt temporär oder überhaupt ausgegliederte Menschen klammern sich, wie arbeitende Arme auch, in ihrer Not an den Staat, der sich ihrer oftmals nicht anders zu erwehren weiß als durch die Fortsetzung des wirtschaftlichen Zwangs mit politischen Mitteln, begleitet vom Auf- und Ausbau kafkaesker Beschäftigungslabyrinthe. Arbeit ist Hoffnung, selbst wenn sie keine ist.

Unsinnig, ferner, abzustreiten, dass sich Menschen selbst aus der Arbeitsgesellschaft ausgliedern oder sich weigern, ihr beizutreten, und ein Transfereinkommen vorziehen. Zögen sie aus Arbeit ein Einkommen, das die Mühe lohnt, dächten und handelten sie diesbezüglich sicher anders, ebenso wenn man diese Einkommen (weiter) kürzte oder ganz kassierte. Dann, endlich, verhielte sich die Unterschicht korrekt – als willenlose ökonomische Verfügungsmasse, die in den Markt einzufunktionieren Dr. Sinn & Genossen kaum erwarten können. Das wird schon, nur etwas Geduld. Die Regierenden schätzen ihren Rat und exekutieren ihn, wo es nur angeht.

Warum auch nicht?

Eine politische Klasse, die sich mit Eventunternehmen, Popstars und Stylisten schmückt, weiß auch den leeren Platz des Narren mit Geist von ihrem Geist zu füllen.

IX.

Es geht um die Freiheit, konkreter um die Freiheit der je Einzelnen gegenüber dem ökonomischen Lebensprozess einer Gesellschaft.

Die diesem eingeschriebenen Zwänge auf Abstand zu halten war in aller bisherigen Historie den Oberschichten vorbehalten. Die schoben, ihre Bedürfnisse zu befriedigen, andere zwischen sich und die Natur oder anderes.

Unter den Heldentaten, die Herakles vollbringen musste, um die Ermordung seiner Familie im Wahn zu sühnen, listet der Mythos eine Arbeit auf, die Reinigung der Augiasställe an nur einem Tag. Wie dient ein Göttersohn dem anderen geziemend? Indem er Löcher in die Stallmauern treibt und einen Fluss hindurchleitet, der die eigentliche Arbeit für ihn leistet. Seine Hände bleiben dabei rein.

Der Mühsal enthoben, gewöhnlichen Geschäften abhold, den Göttern sofern gleich, frönte die gute Gesellschaft bis an die Schwelle der bürgerlichen Epoche dem unbeschwerten Zeitvertreib. Für die Menschen, die ihr angehörten, bedeutete Geld vor allem geronnene, gespeicherte Zeit. Geld zu besitzen, das hieß warten können, solange, bis sich Wünsche, Begierden meldeten, die zu befriedigen, zu stillen – durch anderer Leute Hände oder Köpfe wiederum – sein Hauptzweck war.

Der Bourgeois bekämpfte diese Geisteshaltung und stellte seine eigene, umgekehrte Regel auf: Zeit ist

Geld und daher immer knapp; nur wer den ganzen Tag geschäftig ist, kein Zeitatom verschwendet, macht ein Geschäft – aus und mit der Arbeit anderer, soviel aristokratischer Komment musste – unausgesprochen – sein.

Restlos, weil ohne Alternative, verinnerlichte nur das Arbeitsvolk die neue Wertetafel.

Mit dieser Prägung lebt es sich, der Arbeit ledig, höchst genierlich. Der geschichtlich unerhörte Vorfall, unten und zugleich, wie einst der Edelmann, von Arbeit frei zu sein, ohne zu hungern, zeugt nicht Keckheit, sondern – überwiegend – Unlust, Minderwertigkeitsgefühle, Depression. Gleich dem Adligen ist der heutige Arbeitslose kein unmittelbarer Teil des ökonomischen Prozesses, von Tauschsystem und Arbeit, im krassen Unterschied zu diesem bleibt er ihm auch aus der Ferne mit Haut und Haar verbunden.

Diese sozialen Naturkräfte bis zum letzten Arbeitslosen durchzuleiten, auf ihn zu fokussieren, so dass er kaum mehr weiß, wo vorn, wo hinten ist, wetteifern die verschiedenen Fraktionen der Regierenden tagtäglich um den besten Einfall. Sie schüren die Angst vor sozialem Ausschluss und verwandeln mit geiler Lust an paradoxen Floskeln – wer am wenigsten gebraucht wird, muss im höchsten Maß verfügbar sein! – potenzielle Freiheit permanent in subjektive Not.

X.

Die Antwort auf die Frage: Ist mehr persönliche Freiheit dem Ökonomischen gegenüber herstellbar, heute, hier und jetzt?, lautet, uneingeschränkt: Ja, das ist möglich.

Wer aber steht für diese Möglichkeit, entschlossen, sie zu verwirklichen (die quälende Suche nach dem historischen Subjekt)?

Die Arbeitslosen, in dafür gehörig großer Zahl?

Die Arbeitsbürger, im jederzeit revidierbaren Gnadenstand der wirtschaftlich Erwählten, vorläufig Geduldeten?

Die Direktoren des ökonomischen Betriebs, oder soll man sie Gefangene nennen? Einer tanzt da aus der Reihe, immerhin.

Die Regierenden und ihre Programmatiker? War da nicht einst ein Mann aus Eisen, Bismarck, der die moderne Sozialversicherung begründete?

Gewiss, nur seine Enkel sind aus Pappe.

Wenn doch nur eine(r) dieses Urteil widerlegte …

Muss, in Ermangelung geeigneter Kandidaten, der historische Prozess in die Subjektrolle schlüpfen?

Das Große bleibt groß nicht und klein nicht das
Kleine,
Die Nacht hat zwölf Stunden, dann kommt schon
Der Tag.

Hat es mit dem Gedanken gute Weile, das, was vernünftig ist, auch einmal wirklich wird?

Schlösse man das aus, wäre Denken die reinste Zeitverschwendung.